Vivo como quiero

Escrito y editado por Omar El Bachiri

Todos los derechos reservados. Queda rigurosamente prohibida la reproducción parcial o total de esta obra por cualquier medio o procedimiento, ya sea electrónico o mecánico sin el permiso previo y por escrito del titular del copyright, bajo las sanciones establecidas en las leyes.

2016 Omar El Bachiri El Boudouhi Copyright ©.

ISBN: 978-99920-3-091-2
Depósito legal: AND.184-2016

Primera edición: agosto 2016
Segunda edición: enero 2019
Tercera edición: agosto 2019

Corrección: Bego Blanco

La foto de la contradaportada es obra de Auna emotions

Omar El Bachiri nació el 5 de enero de 1977 en Marruecos, en un pequeño pueblo de la provincia de Nador. A la edad de dos años emigró junto con su familia al Principado de Andorra. Posteriormente adquirió la nacionalidad andorrana. Es licenciado en psicología clínica y experto en adicciones. Por la Universidad Nacional de Educación a Distancia (UNED).

Escritor y editor del best seller *"Feliz y con Ahorros"* vendido en varios países. Entre ellos Estados Unidos, Reino Unido, España, Andorra y Francia. Ahora nos sorprende con este nuevo libro. También traducido al francés y al inglés. Sus pasiones principales son practicar deporte, viajar y bailar. Te lo puedes encontrar por cualquier parte del mundo.

Mencionar también que es autor y editor de un tercer libro:

Drogas y Adicciones

Su frase favorita es: *"Sólo me hago cargo de lo que pienso y digo, no de lo que tú interpretas."*

Su lema es: *"La felicidad es pura lógica. Si estás mal y te quejas, cuando estés bien, sonríe ¿no?"*

También, una frase que no es suya, sino, de un buen amigo de la infancia: **Ismael González:**

"La humildad es un grado que se obtiene siendo justo."

Este libro es un manual para ir revisando cada vez que te desorientes y pierdas el rumbo de tu vida. Leyendo las palabras escritas en él, volverás a centrarte y seguir tu camino. Todos son buenos. Quizás el que sigas hoy no sea el mismo que te interese mañana. Es la evolución, con cada aprendizaje que adquirimos, nuestras preferencias y gustos van cambiando. Ni para peor ni para mejor, sólo tú decides qué perspectiva tomar.

Tu felicidad depende exclusivamente de ti.

Eres feliz por y para ti. Todo lo que haces, lo haces por y para ti. Cuando haces algo por alguien, en realidad lo haces por ti. Te sientes mejor que si no lo hicieras. Sientes la alegría que te invade cuando lo haces. Así que nunca delegues tu felicidad en otros. Primero vas tú, luego tú y si queda algo, van los demás.

Cuando todo está bien, todos te aprecian y se juntan contigo. Desgraciadamente, cuando ya no va tan bien, muy pocos se quedan a tu lado. Con lo cual, queda demostrado que primero va tu felicidad y bienestar y luego el de los demás. La sociedad nos condiciona para que creamos que a eso, se le llama egoísmo y nada más lejos de la realidad. Se le llama coherencia. Egoísta es una persona que sólo mira por sí misma aún teniendo sus necesidades cubiertas, no comparte nada. Este libro trata de cubrir tus necesidades y una vez cubiertas, compartir el resto de lo que te queda.

¡Vive como quieres!

Agradecimientos: quiero agradecer a todos mis amigos y conocidos que de forma directa e indirecta han contribuido a la realización del libro. Pero quiero hacer mención especial a algunos de entre ellos, sin los cuales me hubiera sido muy difícil realizarlo. El orden de aparición de los nombres no es ni vinculante ni significativo.

Tano, Bego, Oliver, Sinfreu, Naudí, Solsona, Aleix, las chicas del bar Cataluña, la biblioteca de Encamp y mis padres.

Empezando por **Tano**, por todas las horas que hemos hablado sobre las ideas tratadas en él y darme su perspectiva personal.

Bego, por ayudarme con la corrección del mismo y la gramática. Con ella, almuerzo cada vez que puedo y tengo ocasión.

Oliver, por darme la idea de escribir sobre las apariencias. Nos vemos en el gimnasio y allí hablamos a menudo del tema. ¿Por qué muchas personas viven aparentando lo que no son?

Sinfreu, **Naudí** y **Solsona**, estos tres amigos, son la base de mis teorías sobre las inversiones. Nos pasamos horas hablando sobre en qué invertir para que nuestro dinero tenga el mejor rendimiento posible.

Aleix, que aparte de ser un amigo, también he trabajo para él, en su empresa de construcción. Hablamos mucho sobre la felicidad y las inversiones tomando café en el bar de su madre, *"Bar Lugo"*. Los dos somos cafeteros y después de la jornada laboral, nos gusta sentarnos y discutir sobre política y economía.

Las chicas del bar Cataluña, por ser tan simpáticas y agradables cuando me sirven el café, mientras comentamos temas relacionados con la economía.

La Biblioteca pública de Encamp, agradecer que me permita hacer las presentaciones del libro y dar charlas sobre temas tratados en él, por darme la oportunidad de ser conocido a nivel nacional. Gracias a ella, salgo en todos los medios de comunicación del país.

Mis padres, les agradezco la educación que me han dado. Desde bien pequeño me han enseñado que todo depende de mi forma de ver y entender las situaciones.

Prólogo

El libro se divide en dos partes.

- **Llevo la vida que quiero.**

- **Llevo la vida que quisiera.** *"Las Apariencias"*

En el transcurso de la lectura te explicaré hasta qué punto tu entorno influye sobre ti. Tu pasado, presente y futuro están incluidos. De dónde vienen tus dudas y miedos. Por qué compras o vendes cualquier producto. Eres de los que sólo oír la palabra invertir ¿escapa corriendo? sabrás por qué.

Cuando hayas acabado de leerlo, vuelve sobre estas frases y reflexiona un poco sobre ellas. Verás que tu conducta está muy influenciada por tu ambiente.

Todas las historias relatadas en el libro están basadas en hechos reales. Son personas que he conocido viajando alrededor del mundo.

Para preservar su anonimato, he cambiado sus nombres, trabajos y lugares de residencia. Incluido el protagonista, aunque hable de él en primera persona, que no te despiste. Podría ser tanto un hombre como una mujer. En ningún momento menciono su nombre.

¡Quizás sea tu historia!

Espero motivarte a que vivas como quieres y si no, que al menos la lectura te sirva de distracción y la disfrutes.

Primera Parte

(Llevo la vida que quiero)

Trata sobre la vida que tienes, con un trabajo que te gusta pero en el cual no ganas lo suficiente para llevar la que quieres. Te invito a seguir las pautas que plasmo en él, con ellas aprenderás cómo ganar más. Ahora, si eres afortunado y tienes un trabajo que te gusta y además, ganas lo suficiente para llevar un nivel de vida agradable, pero no vives como quieres, este es tu libro.

¡Entenderás por qué no lo haces!

Si en vez de vivir como quieres, vives como te dejan, acabarás como las personas que menciono en la segunda parte del libro. Aparentando la vida que quieres llevar, con todas las consecuencias emocionales y malestar generalizado que ello conlleva.

Esta es la historia de dos compañeros de trabajo. Uno vive según sus creencias, valores y placeres esperados. Le gusta viajar y salir con los amigos de vez en cuando. Lleva la vida que quiere. Desde pequeño sus padres le han educado para ser una persona proactiva. Para que decida por sí misma cómo le irá el día y le han inculcado unos valores muy básicos pero eficaces:

- Al mundo se viene a sonreír y a disfrutar al máximo.
- No temerle a la muerte, esta forma parte de la vida.
- Decir No, es una opción tan válida como decir Si.
- El dinero está para proporcionarnos tiempo, no para esclavizarnos.
- Tratar a los demás como queremos que nos traten a nosotros.

El otro en cambio, se ve constantemente limitado para hacer lo que quiere. Apenas le alcanza para pagar la vivienda y los gastos mensuales para vivir.

No entiende cómo su compañero, ganando el mismo sueldo que él y con un estilo de vida parecido, pueda viajar tanto. Un buen día decide preguntárselo. Este le contesta con otra pregunta - ¿inviertes? siendo su respuesta negativa. ¿Qué es invertir? - le pregunta. El compañero sorprendido le dice: vamos a tomar algo y te lo explico.

- **Invertir:** dispones de una cantidad de dinero y compras unos activos con la esperanza de recuperar la totalidad de ese dinero, más unos intereses añadidos. Con dichos intereses, te podrás costear tus placeres. Se prefiere postergar el placer inmediato por uno mejor a más largo plazo.

Te lo explico de otra forma para que te quede todavía más claro: es como si fueras pluriempleado, es decir, tienes varios empleos pero no estás presente, hay otras personas trabajando por ti, a cambio se llevan una pequeña comisión de tus beneficios. Eres como el gerente de una empresa y esas comisiones son el sueldo de tus empleados. Pero antes de seguir, respóndeme a esta pregunta:

- ¿Conoces la diferencia entre pasivos y activos?
- No, no tengo ni idea.

Te lo resumo rápidamente, pasivos son cualquier producto que te quite dinero y activos, lo contrario, cualquier producto que te genere dinero. Mucha gente no los distingue y fracasa en las inversiones.

Un mismo producto puede ser un pasivo o un activo. ¡Distínguelos!

No es lo mismo tener un local alquilado, que vacío. Una vivienda para vivir tú, que para alquilarla.

Voy a explicarte cómo hago para vivir como quiero con el sueldo que ganamos. Tú mismo lo has dicho, ganamos lo mismo. Pero antes de empezar quiero contarte la historia de dos chicas que conocí en Tokio y que me introdujeron en las inversiones. Cindy y Jessica, nos conocimos cantando en un Karaoke, son de Chicago.

Cindy: se dedica a la enseñanza, es profesora de matemáticas en un instituto de Chicago. No siempre ha sido profesora, anteriormente era gestora de fondos de inversión de alto riesgo en el banco central de la misma ciudad. Su sueño siempre había sido dedicarse a la enseñanza pero cuando acabó los estudios, tenía que devolver el préstamo adquirido con el banco para pagarse dichos estudios. En Estados Unidos es muy caro estudiar una carrera universitaria, los jóvenes se endeudan una barbaridad para poder pagárselas.

Deseaba ser profesora de matemáticas pero el sueldo era inferior al que ganaba en el banco. Como profesora, el sueldo son 1.500 dólares y como gestora ganaba 2.000 dólares. Estos 500$ le suponían el alquiler de la vivienda. La vida como gestora estaba bien pero no le llenaba, le faltaba algo.
Después de pensarlo detenidamente, hizo unas cuantas buenas inversiones para sus clientes y en apenas 5 años ganó 60.000$ en comisiones, junto a los 40.000$ que tenía ahorrados se compró un apartamento y ahora, al no tener que pagar el alquiler de la vivienda, dejó su trabajo en el banco para acceder al que realmente le gusta. Por fin llevaba la vida que deseaba. Puede decir que lleva la que quiere.

Jessica: es entrenadora de fitness y le fascina su trabajo, llevaba una vida agradable pero quería mudarse a un apartamento más grande porque iba a ser madre y el suyo, era de una habitación y se le hacía pequeño. El único inconveniente que había era el precio del alquiler. En el que estaba, pagaba 420$ y al qué quería acceder, ascendía a 520$. Ahí empezaba el dilema, volver a su antiguo empleo de contable, en el cual ganaba más o no mudarse. Esos 100$ de diferencia tenían la culpa. Cindy la asesoró y le invirtió su dinero. Disponía de 15.000$ en una cuenta de ahorros que apenas le reportaba un 0.8% de interés anual. Los invirtió en un fondo que le reportaba un 10% anual. Eso viene a ser 1.500$ al año, divido por los doce meses, le representan 125$.

Pudo mudarse y vivir como quiere. Sin renunciar a su trabajo. En la actualidad sigue trabajando en el mismo gimnasio y su hija tiene una habitación para ella sola.

- Pero estos intereses que ganan son demasiado elevados para ser verdad, me cuesta creerlo. A mí, a duras penas me dan un 0,5%.
- A ver, si no tienes inteligencia financiera ni emocional, nunca los conseguirás. La mayoría os conformáis con ese 0.5% o como mucho, con un 1.5% anual. Es decir, nada. Cuando adquieres estas inteligencias y entras en el mundo de las finanzas descubres que hay muchas más opciones.

En todas las historias que te voy a contar, sus protagonistas han invertido en fondos de inversión y acciones. A la que han empezado a cuestionarse su futuro y decidir sobre él, se han preparado meticulosamente. Se visualizaron a 10 años vista y vieron e imaginaron la vida que querían.

Visualizaron un proyecto, un propósito de vida, una motivación para hacer las cosas y poder levantarse cada mañana alegres y sonrientes. Trazaron su camino hacia el éxito. Empezaron con depósitos a largo plazo para acostumbrarse a los términos bancarios, como son la renta fija y variable, entre otros más. Adquirieron el hábito de ir al banco por lo menos, una vez a la semana.

- Una vez a la semana ¿para qué? si hago todos los trámites por Internet.
- Nos movemos por emociones, sean buenas o malas. La otra persona que tienes en frente del mostrador tiene y siente emociones hacia ti. Si quieres adquirir y poner en práctica las inteligencias emocional y financiera, tendrás que practicar.

- ¿Y dónde mejor que en el banco? está muy bien que hagas los trámites desde casa. Yo también los hago, pero eso no quita que vaya por lo menos un día a la semana a visitar a los empleados del banco. Los negocios son relaciones, son interacciones entre personas.

¡No lo olvides!

Para familiarizarte con las inversiones y ganar confianza en ti mismo, hay que empezar por abajo y ahí puedes aprender bastante. Es la base. Una vez sepas del tema y hagas tus propias inversiones, podrás acudir con menor frecuencia. Pero personalmente, recomiendo ir al menos una vez a la semana.

¡Preocúpate por tu dinero!

Una cosa te ha de quedar clara, el dinero es emocional. Este como tal no existe. Si no tienes una necesidad o emoción, no gastarás, por mucho que tengas. Si llevas encima 50 € pero no te apetece nada, no te los gastarás. Sin embargo, si en ese momento entras a un bar y está jugando tu equipo de futbol y marca, eres capaz de invitar a los amigos a una ronda de bebidas.

Prosigo con la historia. Han invertido tiempo y dinero. En su tiempo libre, en vez de quedarse en casa tumbados en el sofá viendo la televisión, han aprovechado ese precioso tiempo en adiestrarse financiera y emocionalmente. También, cuando veían la televisión, no era para ver programación basura, sino, programas de economía y cultura general. Comprenden que la televisión es un medio para distraerse, para pasar un momento agradable. Es ficción, no la realidad. Esta, está ahí fuera, en las calles, con los amigos y la familia.

Si la ves para evadir tu realidad, lo vas a pasar muy mal pues te vas a creer todo lo que anuncian. Para evadirte hay otras opciones más sanas, como por ejemplo: hacer deporte, pasear o leer. Busca algo que hacer y que te aporte un beneficio mental o físico.

¡Tu cuerpo te lo agradecerá!

No permiten que en su mente entre información que los idiotice y los distraiga de su objetivo, la independencia económica, o por lo menos, adquirir cierta libertad financiera. Más adelante profundizo en el tema pero antes te explico qué es la aversión al riesgo. Es un factor muy importante ante cualquier inversión que hagas.

Aversión al riesgo: la preferencia por un producto aunque su rentabilidad sea menor pero con poco riesgo a uno con mejor rentabilidad pero con mayor riesgo. Lo explico con una metáfora.

El corredor: hay dos carreras, una de 10 km y otra de 20 km. La inscripción cuesta 35 € para ambas y el premio es de 70 € para la corta y de 120 € para la larga. Según su condición física optará por una o por otra. En tu caso, según tu inteligencia financiera optarás por una opción u otra.

Pero elige alguna, no dejes tu dinero sin rentabilidad.

¿Por qué crees que el banco te ofrece ese interés tan pequeño? porque es muy fácil de conseguir para él.

Estas inteligencias son de suma importancia si no quieres que te pase como a mucha gente, que se ha arruinado. No puedes entrar en el mundo de las inversiones a ciegas, porque mucha gente lo haga.

¿No querrás ganar el campeonato regional de bici sin saber montar en ella? Por muy bueno que seas corriendo, nadando o esquiando, si no sabes montar en bici, es imposible que llegues si quiera a la meta.

Inteligencia emocional: reconocer tus propias emociones y sentimientos para verbalizarlos y manejarlos adecuadamente. Ser consciente en todo momento de lo que ocurre alrededor de uno. Conocer los propios límites y saber hasta dónde se puede llegar. Tener capacidad para empatizar con los demás, ponerse en su lugar y reconocer sus necesidades por satisfacer. Es una habilidad fundamental para establecer relaciones sociales y vínculos personales. Además, en el mundo de los negocios, se añade la capacidad de no dejarse llevar por las emociones. Pero una faceta muy importante de esta inteligencia es su triada de la acción:

Triada de la acción: *Quiero algo. No puedo. Lo hago.*

En esta triada es muy importante seguir el orden establecido, alterar este orden de los factores, altera el producto. Ante cualquier objetivo que te propongas, primero te viene a la mente: quiero hacerlo pero por ciertas circunstancias de la vida no puedo. Ahí se acaba la acción. Error.

Tiene que ser, quiero hacerlo pero por ciertas circunstancias de la vida, no puedo. Hasta aquí es lo mismo, pero ahora viene: no puedo en estos momentos. ¿A ver cómo hago para conseguirlo?

Esta es la pregunta que tienes que hacerte. Cuando tengas la respuesta, lo haces. *El no puedo siempre es temporal y no definitivo.* Es la motivación para actuar. ¡Adquiérelo como forma de pensar!

"No te autolimites ni te pongas piedras en el camino tú mismo"

Ejemplo: quiero irme de vacaciones a tal lugar pero no tengo el dinero necesario. Es decir, no puedo. Me pregunto: ¿cómo puedo hacer para juntar esa cantidad e irme de vacaciones? Cuando tenga la respuesta, actúo en consecuencia y me voy de vacaciones.

Como ya he mencionado anteriormente, el dinero es emocional. Si vives angustiado, asustado, esperando lo peor. Definitivamente, tendrá una repercusión negativa en tu economía. La cantidad de dinero que puedas manejar es el reflejo de tu mente, de tus pensamientos. Es de vital importancia tener una actitud de acero y saber gestionar los estados emocionales, la alegría y la tristeza. Es fundamental fortalecer la Resiliencia.

Resiliencia: es la capacidad de sobreponerte a los malos momentos, es poder salir de ellos airoso/a. Por muy mal que te vaya la vida en cierto momento, lo superas y vuelves a ser la misma persona que antes. Si eras una persona risueña y alegre y has pasado por una mala experiencia, cayendo en depresión o en un estado de ansiedad. Una vez superado, vuelves a ser la misma persona risueña y alegre. No permites que una mala experiencia condicione tu carácter.

Te lo explico con el ejemplo de muelle: este resiste presiones muy elevadas, se va encogiendo hasta que se vuelve sólido pero una vez deja la presión, vuelve a su estado natural.

Es muy importante para tener buena salud mental y de vital importancia en el mundo de las inversiones, porque las cosas no siempre salen como las planeamos. Te dejo unas pautas de comportamiento para fortalecerla:

1- Actúa con decisión, tomes la que tomes, acepta sus consecuencias.

2- Valora lo que consigues en vez de añorar lo que pierdes. En cada decisión que tomes, perderás y ganarás algo.

3- Lo malo está para aprender y lo bueno, para mejorar y/o aceptarlo.

4- Márcate objetivos y ve a por ellos. Esto te enseñará nuevas formas de aprendizaje para afrontar futuros problemas.

5- Practica deporte y la disciplina que adquieras enfócala como estilo de vida. Esto hará que seas disciplinado y ordenado.

Una parte muy importante del deporte es el espíritu de superación que adquieres. Aprendes que en cada entreno te puedes superar y si esto lo aplicas a tu forma de vida, te vuelves una persona constante y decidida. Te tomarás la vida como un reto y con ello, siempre estarás motivado/a para superarte. Tener motivación en la vida es la base y esencia de las alegrías. Esta puede con todo.

Inteligencia financiera: es el tipo de habilidad que permite a una persona conseguir y gestionar recursos para vivir como lo desea. Se adquieren hábitos, costumbres y conocimientos para saber leer e interpretar balances económicos, resolver y evitar cualquier problema económico. De ahí su importancia. Es decir, tu forma de ver el dinero y tratar con él. Tu contexto económico

Contexto económico: digamos que es tan grande como un vaso de agua y empiezas a llenarlo de líquido, una vez esté lleno, se desbordará. Todo el líquido que siga cayendo se va a desperdiciar. No vas a poder seguir llenándolo. Tendrás que ampliar el contexto, cambiar el vaso por un recipiente más grande. Cuanto más grande sea el contexto, más dinero entrará.

Es lo que les suele pasar a las personas que ganan la lotería. Al poco tiempo vuelven a estar igual que antes o peor aún, endeudadas. Eso también pasa cuando una persona está acostumbrada a manejar cierta cantidad de dinero, a la que tiene más, no sabe cómo gestionarlo. Si estás acostumbrado a vivir con 1.000 € al mes y te suben la cantidad a 1.500 €, al principio irás de fábula pero trascurrido un año, te acostumbrarás a esa cantidad y si con 1.000 € ibas ahogado, con los 1.500 €, también lo irás. Una persona sólo puede gestionar la cantidad de dinero que está acostumbrada a manejar. Con lo cual, si amplías tu contexto mental, sabrás gestionar cantidades más grandes.

Nuestro compañero Carlos, ahora que es encargado y gana más que antes, tendría que llegar más suelto a final de mes. Y ¿cómo llega? fatal, como siempre. Antes ganaba 1.200 € y ahora 1.600 €. Su mentalidad es de gastar y el dinero le quema en las manos. No conoce otra forma de vida y encuentra normal tener deudas.

Otra curiosidad con el dinero: si recibes una cantidad elevada de un día para otro, al principio estarás muy emocionado pero transcurridos tres meses, vuelves al mismo estado anímico. Si estabas triste o amargado, vuelves a ese mismo estado. Con un mejor vehículo o mejor vivienda, pero al estado anterior. Este no cambia a las personas, potencia lo que ya son. Esa típica frase que dice: el dinero cambia a la gente, no es cierta. ¡Los potencia!

Esa gente siempre ha sido así. En menor medida pero siempre lo ha sido.

Los dos factores más importantes a tener en cuenta antes de empezar cualquier inversión son:

- ¿Para qué quieres invertir?
- ¿Qué quieres hacer con el dinero que ganes?

Es primordial saber los motivos, tienes que conocer tu motivación. Si no tienes la motivación adecuada pronto dejarás de hacerlo. Es como hacer dieta: te propones bajar ciertos kilos, preparas detenidamente tus alimentos y escoges los ejercicios que más beneficio te aportan. Si no sabes cuántos kilos quieres perder. No sabrás ni qué comer, ni qué ejercicios hacer. Pues cuando inviertes, si no sabes qué cantidad de dinero quieres ganar ni en qué lo gastarás, no lograrás nada.

Por cierto: - Qué tipo de mentalidad tienes ¿de rico o de pobre?
- No entiendo ¿qué es eso?

Mentalidad de pobre es que dependas únicamente del ingreso de tu nómina. En cambio, mentalidad de rico, es que juntamente con tu nómina, tengas otras fuentes de ingresos.
Yo tengo mentalidad de rico. Además de mi nómina, tengo varias fuentes de ingresos. Dichas fuentes son mis activos. A mí me gusta invertir en productos bancarios.

- Entonces, yo tengo mentalidad de pobre, ¿no?
- Exacto, ya lo vas entendiendo.

Ahora que ya entiendes esto, pregúntate: cómo es que no llevas la vida que quieres.

- ¿Eres un árbol? yo diría que no. Tienes uso de razón y capacidad de decisión, es decir, libre albedrío. Nadie te ha plantado en tu zona de confort y te impide progresar. Los árboles, sólo piden agua y sol para no morir. Tú sólo quieres ¿no morir? o por el contrario, ¿quieres vivir como deseas?

¡Muévete!

- Es que me encanta mi trabajo. Tengo buenos compañeros, me lo paso muy bien y aunque no gano lo suficiente para vivir como quisiera, me alcanza para llevar una vida agradable. No quiero dejarlo por otro mejor pagado, ya que tengo unos horarios flexibles que me permiten disfrutar de tiempo libre. Una vez me preguntaron para qué trabajaba y por qué acepté este empleo y respondí: para tener tiempo libre una vez terminada la jornada laboral y porque me gustaba. Me apasiona lo que hago.

- Acabas de definir la felicidad. Ser feliz, es eso mismo. Hacer lo que te gusta. Quejarse poco y actuar más, ser agradecido con lo que tienes y valorarlo.

Eres una persona que cuando algo no le gusta, lo dice. Se queja, pero sólo una vez. A la segunda, actúa y si no lo hace, se adapta y se calla. Sabes que quejarte más veces no sirve de nada, sólo crea mal ambiente en tu círculo. Enhorabuena, eres feliz y lo disfrutas. Este estado de felicidad se mantiene por dos variables independientes: **el agradecimiento y la actitud.**

Agradecimiento: ser consciente de lo que se tiene y saborearlo. No dar nada por hecho, lo que tienes hoy, quizás mañana no lo tengas. Mientras lo tienes, lo disfrutas hasta saciarte.

Actitud: tu forma de entender y vivir la vida. Se divide de dos maneras, la positiva y la negativa. Esta crea tu realidad, sólo tú decides si es bueno o es malo. Si te afecta o no. Enfócate en lo que tienes y no, en lo que te falta. Lo que te falta tiene que convertirse en la motivación para adquirirlo y no, en malestar por no tenerlo. Es la más importante de las dos variables, porque te permite autocontrol frente a cualquier situación.

Te felicito, porque ya tienes lo que cualquier persona busca. Pues de eso tratan las inversiones, de que puedas trabajar en lo que te guste aunque no ganes lo suficiente para llevar la vida que deseas, ya que podrás ganar dinero a través de otras fuentes para compensar esa falta de ingresos. De esta forma siempre serás feliz. Trabajarás en lo que te gusta y además, cubrirás tus necesidades placenteras.

Ser feliz no es ni un derecho ni una opción. Es un hecho. Es simplemente sentirse a gusto con uno mismo. Estés triste o contento, si en ese momento eres plenamente consciente de ello, eres feliz. Sabes que es un estado pasajero y saldrás reforzado.

Si estás triste, sabrás qué no hacer para volver a recaer. Y si estás contento, sabrás qué hacer para volver a repetirlo. Se dice que es una opción porque es la manera más lógica de actuar.

¡No hay nada mejor que sentirse bien!

- Oye, esto parece interesante. Me está gustando como lo planteas. Parece algo divertido y entretenido. A mí me suena a bolsa ¿no?
- En parte, pero no sólo es invertir en bolsa. Como ya he te he mencionado anteriormente, es depositar tu dinero en un lugar, puede ser en el banco, en bienes inmuebles, bienes raíces, materia prima como el oro y la plata. Es muy variado.

Ahora entro en detalles y te lo explico mejor. Lo importante es que te guste y te sientas cómodo haciéndolo. En mi caso, son las inversiones bancarias. Adoro este sistema y sobre todo, las tarjetas de crédito. Me fascina poder pagar sin llevar dinero encima. Estar en casa y pagar un billete de avión a cualquier parte del mundo. Comprar lo que me plazca y que me lo facturen al mes siguiente sin intereses.

Te voy a contar cómo lo he hecho. Como ya te he dicho antes, todo depende de tu actitud. En mi caso, la crisis me hizo reaccionar e invertir. En el tuyo, lo contrario. Acomodarte y aceptar tu nueva situación financiera. Toda crisis es una oportunidad para mejorar y/o cambiar hábitos de comportamiento.

Personalmente, siempre me han gustado los retos y este era uno. Adquirir la libertad financiera antes de los 65 años. Entre la bajada salarial y los recortes sociales, cada vez éramos más pobres. En estos cinco años nos han bajado el sueldo un 20% y han subido los impuestos otro 12%.

Si quería mantener el mismo nivel de vida sin tener que dejar de viajar tenía que hacer algo. O cambiar de trabajo, a uno mejor pagado o invertir para recuperar ese 32 %. Ya conoces mi preparación académica y profesional. Si hubiera querido estaría trabajando en la competencia, con un mejor sueldo, pero no quería. Me gusta mi trabajo, por lo mismos motivos que a ti. También soy feliz, igual que tú. Tampoco me quejo de mis desgracias, surgen para aprender de ellas y salir reforzado.

Si algo no me gusta, actúo. No me quedo esperando a que alguien lo solucione por mí. Cada vez que me encuentro con algún obstáculo, considero que es para aprender de él y redefinir mi camino al éxito. Lo que me importa es llegar y no tanto, cómo. No quería dejar este empleo y tomé la decisión de invertir. Fíjate, a día de hoy, aparte de ahorrar para mi jubilación, con los intereses que gano, puedo llevar la vida que quiero.

Supongo que como persona consciente que eres ya ahorras una parte de tus ingresos para tu jubilación. Personalmente yo ahorro el 20% de mis ingresos mensuales. Te voy a explicar cómo lo hice. Primero ahorré durante unos meses y cuando dispuse de 1.000€, los invertí en un fondo de inversión que me daba un 8% anual, ya eran 80€ de beneficio. Mi dinero ya estaba trabajando para mí. Tenía la opción de invertir en bolsa y ganar un poco más pero en aquella época mi aversión al riesgo era elevada

Empecé poco a poco, mi primer objetivo era ganar para cubrir mis gastos pasivos anuales. Más tarde, los mensuales, sin contar la vivienda y a medida que adquiría más conocimientos, más arriesgaba. Ahora, después de 18 años invirtiendo, ya puedo costear mi forma de vida. Mis activos me permiten llevar la vida que quiero, los locales, parkings y las inversiones bancarias. Mi nómina se la transfiero en su totalidad a mis padres, han tenido una vida dura y no han podido ahorrar. Con la pensión que les queda del gobierno, a duras penas les alcanza para el alquiler de la vivienda. De igual forma, en su época, tampoco es que hubiera mucha información sobre las inversiones. Era una época diferente y se tenía la creencia de que para ganar dinero, había que trabajar duro y vivir al día. Pues para eso se trabajaba tanto. En aquella época el ocio brillaba por su ausencia. No es como ahora, que después de terminar la jornada laboral puedes hacer de todo. Ir al cine, al gimnasio, al teatro, de paseo con los amigos, etc.

Además, el gobierno les había prometido una pensión digna si mensualmente cotizaban cierta cantidad al seguro social y no ha sido así.

¿Ves la diferencia entre tú y yo? Tú te has conformado con la bajada salarial y el aumento de los impuestos y sin embargo yo, he actuado y he sabido aprovechar un mal momento para transformarlo en uno bueno. Si no hubiera sido por la crisis, seguramente, todavía sería dependiente de mi sueldo.

¡No me quejo mucho y asumo responsabilidades!

En el ámbito bancario hay básicamente tres productos: las acciones, los fondos de inversión y los depósitos. Hay muchos más, pero ya son derivados de estos. Las acciones son las que mayor beneficio aportan y los depósitos bancarios los que menos. Los fondos de inversión están entre ambos. No voy a entrar en la definición de cada uno porque este libro no trata de los productos financieros. Te aconsejo que te dirijas a tu banco y te informes de las ventajas e inconvenientes de cada uno. Algo que sí te puedo asegurar, es que le sacarás mayor rendimiento a tu dinero que dejándolo en la cuenta bancaria. Con las acciones corres el riesgo de perder todo lo invertido y en cambio con los depósitos, no. Es lo que dice la regla de la inversión:

"**A mayor riesgo, mayor beneficio**". Sirve para cualquier inversión que hagas. Pero antes de proseguir, voy a explicarte las tres preguntas que hay que hacerse antes de empezar cualquier inversión.

1- ¿Para qué inviertes?
2- ¿Cuánto dinero estás dispuesto a perder?
3- ¿Tienes en cuenta las tres variables?

Primera pregunta: ¿Para qué quiero invertir?

- Espera, le dice el compañero interrumpiéndole, no hay que preguntarse mejor ¿por qué invertir? en vez de ¿para qué invertir?
- No amigo mío, si te preguntas ¿por qué invertir? las posibles respuestas son, porque mucha gente lo hace y les va bien y porque lo dicen los medios de comunicación. Curiosamente, la gente sólo te cuenta las ganancias de sus inversiones, las pérdidas nunca las menciona. En cambio, si te preguntas ¿para qué invertir? abres tu mente a otras formas de ganar dinero. Te liberas de prejuicios y sales de la celda social, dónde se cree que sólo se puede ganar dinero estando uno presente y/o haciendo muchas horas. Te estás planteando maneras diferentes de pensar.

Estás empezando a planificar tu forma de vida. A vivir como quieres. Rompes las cadenas, te liberas de tus pensamientos adquiridos y te vuelves libre, convirtiéndote en una persona con motivos para realizar tus objetivos y no con excusas, para no realizarlos. Pero cuidado, ganar dinero sin estar tú presente es muy jugoso y goloso. Este es muy poderoso, puede hacer que lleves la vida deseada o puede arruinarte. Infórmate de cómo utilizarlo a tu favor. Te estás planteando ganar lo suficiente para un viaje, el seguro del vehículo, la cuota del gimnasio, los impuestos anuales y cualquier otro gasto que te plazca. Imagínate la gente que está cada día un mínimo de 8 horas en un trabajo que no le gusta. Simplemente lo tienen para pagar las deudas que generan llevando una vida que no desean. ¿No es curioso?

Se esclavizan con un estilo y ritmo de vida que no desean. Pero lo defienden con dientes y uñas. Cuando les preguntas por qué no cambian a otro mejor, sus respuestas son siempre las mismas:

- Lo tengo cerca de casa.
- Más vale malo conocido, que bueno por conocer.
- ¡Buff!, tener que empezar de nuevo, qué pereza.

Si no tienes la misma suerte que yo y estás en un trabajo que no te gusta y además, no ganas lo suficiente para vivir como quieres. DE-JA-LO. No tiene sentido que sigas en él, digamos que lo aceptaste con 20 años y a los 30 sigues en él. ¿Qué motivación puedes tener para progresar?

Seguramente tampoco te han subido el sueldo en estos 10 años. Algo no funciona, te convertirás en una persona negativa o peor aún, en una tóxica. Si ya eres una de ellas, aléjate de las que quieren progresar, tu negatividad les perjudicará. Si no vas a subirte a su avión, despeja la pista y déjales despegar.

Quieren volar bien alto. Desde arriba se ve todo con más claridad y perspectiva. Si no eres una ayuda, tampoco seas un obstáculo.

No preocuparte por tu dinero es como tirar piedras en el huerto y esperar recoger lechugas.

Gente negativa: son personas que ven el mundo como un lugar peligroso y no hay nada que valga la pena disfrutar. Si está haciendo un día soleado y aparece una nube, van a fijarse en la nube y empezarán a renegar y predecir que lloverá. Creen que saben el futuro, se adelantan a cualquier hecho. Si hoy es un mal día, mañana también lo será. Buscan la felicidad por casualidad, creen que si son pacientes y no hace maldad alguna, esta se les aparecerá de la noche a la mañana, en cualquier lugar. No saben que la felicidad es una forma de vida, es un camino, no un destino.

Su frase favorita es: **todo pasa por algún motivo, si no tengo esto o lo otro es porque todavía no me toca.**

Piensan y actúan así sin maldad alguna, pero su estado anímico se contagia con suma rapidez. No se dan cuenta que su actitud determina su comportamiento y forma de vida. Por mucho que insistas en decirles que el mundo es maravilloso, no te van a creer. Si entras en su juego, te será muy difícil salir. Además, te chupan la energía. Cuando estás con ellas no te das cuenta pero en cuanto te vas, te encuentras cansado/a y desmotivado/a.

Te voy a exponer algunas características para que las puedas reconocer y alejarte de ellas o al menos, hacer caso omiso a sus comentarios.

- Se preocupan demasiado por las cosas que no pueden cambiarse.
- El pasado es su guía, viven el presente según este. Son incapaces de cambiar nada, por miedo a sufrir.
- No salen de su zona de confort.
- En cuanto sus planes se complican un poco, desisten.
- Se toman la vida demasiado en serio, son incapaces de reírse de ellos mismos.
- Se centran sólo en sus debilidades.
- Les importa muchísimo lo que los demás puedan pensar sobre ellas. Cuando realmente a nadie le importa, pues su vida es muy triste.

- Son muy rencorosas, te van a echar en cara cualquier situación que les haya incomodado, aun después de mucho tiempo.
- No planifican su vida, se dejan llevar por los sucesos. No saben que una persona planificada vale por dos.

Si no puedes alejarte de ellas, te dejo dos pautas para que puedas interactuar con ellas sin que te afecten sus comentarios, ya que no te van a hacer caso, al menos que no te afecte: Dales siempre la razón y exagera todavía más la situación. Tu vida o situación personal tiene que ser siempre peor que la de ellos. Con estas formas de contestar, te van a dejar en paz, al ver que no pueden influir en ti, pues tu vida es todavía más triste que la de ellos.

Respecto a su frase favorita, sería mejor decir: **todo pasa para algo**. El por algo, es consecuencia de tu acción y el para algo es aprender de ella. Te obliga a moverte. Es optimista.

El ¿por qué?, es una causa. Me pasa esto por hacerlo o no. El ¿para qué?, es un motivo. Me pasa esto para hacerlo o no. Después del ¿por qué? siempre viene el ¿para qué?...

Ejemplo: me han despedido del trabajo porque he llegado tarde muchas veces. En el próximo que tenga, no llegaré tarde. Para eso ha pasado. ¡Para que aprenda la lección!

Cambia tu vocabulario y cambiará tu percepción de los hechos

Gente tóxica: en contrapartida, estas son personas muy malas. *"Peligrosas"*. Además de compartir las mismas características que las negativas, se pasan el tiempo criticando a unos y a otros. Si están contigo, critican a los demás y cuando tú no estás, te critican a ti. Todavía peor, cuando están entre ellas y una se va, también la critican. Les gusta hacer el mal, sólo conocen ese modo de vida. Viven cómodamente y sin tomar riesgos, no quieren esforzarse.

Tampoco tienen ni disciplina ni determinación, se conforman con lo que tienen, aunque no les satisfaga. Se quejan todo el tiempo pero no hacen nada por cambiar la situación. Son envidiosas y mentirosas, al sentirse inferiores a los demás, han de criticarlos y así rebajarlos para sentir que están por encima. Hagas lo que hagas, lo van a menospreciar. Se comparan constantemente con todos, sólo para recalcar que son mejores que ellos. Te intentan desmotivar en todo lo que emprendes. Aunque a veces no lo digan con palabras, su cuerpo no lo puede disimular. Sus gestos y miradas lo están afirmando, son el reflejo de su maldad. Te juzgan diciéndote que son sinceras y que es por tu bien, pero curiosamente sólo se fijan en tus defectos.

Es difícil alejarse de ellas, están por todas partes. Pueden ser tus padres, familiares, amigos, compañeros de trabajo, etc. Suelen creer que los cuidados que recibieron durante la infancia fueron insuficientes y para compensarlo, buscan incesantemente más atención de los demás en su etapa adulta. Esta la consiguen manipulando a los demás, lo cual les deja un gran vacío interior. Se sienten frustradas y abandonadas y esa sensación les lleva a un comportamiento desesperado e impulsivo. Por eso, haz siempre lo que te plazca y te haga sentir bien. Si te equivocas, al menos habrás disfrutado.

Hay dos frases que les caracterizan:

1-No puedes y sabes que tengo razón. Se creen que pueden leer tu mente. Es una afirmación muy peligrosa si te la crees. Te llevará al abandono antes de empezar nada. Nunca pienses no puedo, tu mente se lo cree y se centra en ello. Se bloquea y deja de buscar. Más bien, piensa: ¿cómo puedo hacer para conseguirlo? Tu mente se pondrá a buscar posibles soluciones y tu creatividad se disparará.

2- No es más rico el que más tiene, sino, el que menos necesita. El significado de riqueza es tener más que el prójimo. Con lo cual, más tienes, más rico eres. Ahora, seas feliz o infeliz ya es otra cuestión. Esta frase se la han inventado ellos para desmotivar a cualquiera que busque mejorar su situación financiera. Cuanto más tengas y seas, más vas a poder dar y ofrecer. Una parte de la felicidad se basa en compartir lo que tienes con los demás. Si tienes para vivir como quieres, el resto lo puedes compartir. Nunca olvides que si no tienes, no puedes dar. Donde come uno, comen dos, pero tres, ya pasan hambre.

Referente a la frase anterior, sería más correcto decir: **no es más feliz el que más tiene, sino, el que menos necesita.** Te voy a dejar 5 palabras para que puedas llevar cualquier conversación con estas personas sin dar tu opinión personal y sin que te afecten lo más mínimo sus palabras. Esta puede acabar de dos formas: que te dejen por imposible, porque no les haces caso o por el contrario, que te consideren una persona que sabe escuchar y dar consejos.

1- Aja
2- ¡Ya ves!
3- ¡Tú verás!
4- ¡Ya te digo!
5- ¡Sé tú mismo/a!

Ejemplo de conversación: con tu compañero/a de trabajo al cual no soportas pero tienes que aguantar. Recuerda que no sabes sus intenciones, quizás quiera sacarte información para ir en tu contra. No sabes si es tóxica o simplemente, es negativa y tiene miedo.

- Me han llegado rumores de que van a reducir la plantilla y lo más seguro es que tú seas uno de ellos.
- Tú: ¡ya ves!
- Él/ella: No, en serio, es información de buena fuente.
- Tú: Ajá.
- Él/ella: Tengo miedo y si nos despiden a los dos ¿qué hago?
- Tú: ¡Sé tú mismo/a!
- Él/ella: A qué te refieres con eso ¿a que empiece a buscar trabajo?
- Tú: ¡Ya te digo!
- Él/ella: Entonces, qué hago, pido la cuenta ya, o ¿espero a ver qué pasa?
- Tú: Tú verás.

Y así podrías seguir toda la conversación. Con estas personas hay que tener mucho cuidado con lo que se dice. Tu objetivo es que te dejen en paz y lo conseguirás diplomáticamente y con buenos modales. Es más, te dejo 4 signos de un ambiente tóxico para que sepas si trabajas en uno y así poder comportarte como tal.

- El trabajo en equipo no existe.
- Se asciende a personas poco capacitadas (amiguismo)
- No existe un plan de trabajo (no se especifica la labor de cada uno)
- Cuando hay un problema, se buscan culpables y no las causas.

La relación entre ellos es inevitable y directa. En consecuencia afecta tanto a la empresa como al trabajador. Al no haber trabajo en equipo, no hay confianza entre compañeros y menos aún con la dirección. Aquí empiezan las envidias y chismorreos en el entorno, se vuelve hostil y desconfiado. Al ascender de cargo por amiguismo y no por capacidades se destruye la motivación de superación. No le encuentras sentido a mejorar, con lo cual, haces lo mínimo para justificar tu puesto. Como no se asciende por capacidades, la persona que está en el cargo es una incompetente y no sabe gestionar su nuevo puesto de responsabilidad. No tiene un plan de trabajo, no le especifica a cada cual su rol en la empresa. Así pues, cada vez que hay un problema, al no saber hacer su trabajo, en vez de buscar soluciones e intentar encontrar los motivos para que no se vuelva a repetir, busca culpables y así zanjar el problema de inmediato. Desconoce que quizás el problema venga de la información ambigua que proporciona a los empleados. Lo importante para esta persona es justificar su puesto.

Voy a contarte una anécdota que tuve con una persona tóxica: le comenté cómo hacia yo para tener dinero extra y me contestó:

- Si no es con el sudor de mi frente, no quiero el dinero. Es la única manera de ganar un jornal.
- Le contesté, yo practico deporte a diario. Sudo muchísimo y no consigo un euro. Así que esta teoría queda desbancada y si no me crees, coge un pico, una pala y vete a excavar al desierto ¿a ver lo que ganas?

La causa de no llevar la vida que deseas, no es por falta de dinero, sino, por abundancia de miedo. Prefieres sobrevivir a vivirla. Crees que tienes garantizada la reencarnación y ya la vivirás en la próxima. Si crees en ella, perfecto. Pero si no crees, muévete.

Lo haces por dos causas posibles: inconscientemente, dejándote llevar por la sociedad o para aparentar que llevas la vida que deseas. Te das cuenta que no te satisface e intentas llenar ese vacío con objetos y maneras de actuar que realmente te son indiferentes. Eres como la persona que siempre tiene la nevera llena por no verla vacía y al final, se le caducan todos los alimentos. Como se ha criado en una familia numerosa, sus padres siempre la tenían llena. Pero en su caso, no son tantos y hace lo mismo. La tiene llena porque le resulta raro verla a medias.

Te voy a contar las ventajas de ser optimista:

Gente positiva y optimista: son personas totalmente diferentes aunque vivimos en el mismo mundo. Sólo que ante cualquier situación de la vida, ven la parte positiva. Saben que es la que les favorecerá. Toda situación tiene dos partes, la buena y la mala. Cuando uno escoge la mala, sabe de sobras el resultado: Quejas, rencores, malestar e incapacidad para hacer nada.

Ante todo son realistas, pero son optimistas inteligentes. Es decir, no piensan: he perdido el trabajo, voy a ser optimista y sonreír, seguro que todo me irá bien. No.

Frente a esta situación, saben que es un problema pero también saben, que si ponen algo de su parte, mejorará. Buscarán saber ¿para qué? ha pasado esa situación. El ¿por qué? ya lo saben o se lo imaginan y una vez saben la respuesta se mueven en consecuencia. Son personas que toman el control de su vida, saben que la suerte aparece cuando estás preparado y atento para recibirla. Esta pasa cada día por delante de nosotros.

Te voy a contar una historia para que lo entiendas mejor:

- **La suerte:** Javier, buscaba trabajo de fontanero y cada mañana leía el diario con la esperanza de encontrar algo, pero como sólo buscaba de fontanero, desechaba cualquier anuncio que no tuviera que ver con ese trabajo. Justo a pie de página había uno en donde buscaban un camarero.

Jaime, que también estaba buscando trabajo, se fijó en el anuncio y le prestó atención e interés porque a diferencia de Javier, estaba abierto a cualquiera. De camino a la entrevista de trabajo se encontró un billete de lotería premiado con 5.000 €. Para que veas que la suerte se les presentó a los dos, sólo que uno estaba preparado y atento.

Voy a explicarte la forma de pensar de las personas positivas y exponer algunas características para que las puedas reconocer. No entienden otra forma de vida que no sea estando contentos. También sufren contragolpes y situaciones difíciles y son conscientes de ello. Aunque atraviesen un mal momento, están contentos, saben que es temporal. Puedes estar contento y con dolor de muelas. No es incompatible. Saben que si dicen que están mal, el día que realmente lo estén ¿qué dirán?

Prosigo con las características:

- Sonríen mucho, saben que no hacerlo es perder el tiempo.
- No se adelantan a los acontecimientos, no todo depende de ellos.
- No se aferran al pasado, saben que ha pasado para algo y aprenden de él.
- Planifican el futuro pero no olvidan el presente, lo viven al máximo, están abiertos a los contratiempos.

- No dan nada por hecho, son muy agradecidos, saben que lo que tienen, lo pueden perder y/o cambiar, nada es eterno.
- Asumen total responsabilidad sobre sus acciones, saben que si no actúan, no conseguirán nada.
- Saben que no existe la perfección. Lo hacen lo mejor posible, pero sin obsesionarse.
- No se comparan con los demás y si lo hacen, es para mejorar ellos mismos, no para competir contra nadie.
- Celebran cualquier día, sin justificación.
- Saben que la vida no es justa ni perfecta, simplemente es la vida. Nadie ha dicho jamás que lo fuera.
- Saben que es bueno despertar envidias, significa que vas por buen camino.
- Se hacen responsables de lo que piensan y dicen, no de lo que los demás interpreten.
- No se toman nada personal, no todos los males van en contra de ellos.

Ahora que ya conoces las diferencias entre estas personas, te voy a contar la historia de Eva.

Influencia sobre Eva: quiere irse de viaje por Europa tres meses y lo comenta entre sus amigos y compañeros de trabajo.

- Los tóxicos le dicen: estás loca, una chica no puede viajar sola. Te van a violar y a robar. Vamos, te expondrás a las peores experiencias. ¿Y si pierdes el pasaporte? ¿y si enfermas? ¿y si te secuestran? ¿y si te quedas sin dinero? y todos los isis posibles.

- Los negativos le dicen: ¿para qué quieres viajar? ¿para qué exponerte a riesgos innecesarios? ¿por qué no vas con alguien? guarda el dinero para el futuro.

- Los positivos le dicen: buena idea, así tendrás nuevas experiencias. Muy bien, una chica valiente. Bien hecho, a conocer mundo y así podrás valorar tu situación personal.

Si te pierdes, siempre puedes coger un taxi y que te lleve a tu lugar de hospedaje

Según a quien haga caso Eva, se irá de viaje o no, y si decide irse, irá con miedo o no. Con estas descripciones quiero que sepas que tus palabras definen tu futuro. Vigila y cuida tu entorno, uno es lo que dice y lo que dice viene de lo que piensa. Examina y analiza bien tu diálogo interno. Las palabras se convierten en hechos. De ahí la importancia de vigilar con quién andas, por la influencia que puedan ejercer sobre ti.

Quizás tengas un gran potencial en el mundo de las inversiones y por andar con la gente equivocada nunca puedas desarrollarlo. En cuanto decidas invertir, rodéate de gente que también lo haga. Adquiere tanto inteligencia financiera como emocional. Se puede adquirir mediante revistas, periódicos y videos relacionados. Más adelante, puedes asistir a seminarios. Cuida tu círculo de amigos.

¡No dejes que entre cualquiera!

Para no zanjar así el tema de la gente tóxica, te hago un resumen:

- **Definición:** sujeto que te perturba emocionalmente, te transmite su malestar con quejas y chismes. Con esta definición quiero que entiendas que alguien puede ser tóxico para ti pero, no para mí. Si te perturba mentalmente, es tóxico.

Imagínate un lago contaminado con productos químicos pero el agua es transparente. A simple vista, parece limpia pero es mortal. Pues así es la persona tóxica, se camufla. Es como un camaleón y en cuanto te despistas, te ataca. Pasa de ser una persona más de tu círculo de amigos o conocidos a ser una persona conflictiva.

Ahora - ¿qué pasaría si bebieras un vaso de agua a diario del lago? Lo más probable es que mueras, por intoxicación. Sin embargo, si sólo bebes un vaso al mes, ese día en cuestión, tendrás ardor estomacal, diarrea, náuseas, es decir, malestar generalizado pero, no morirás. Pues con la gente tóxica pasa exactamente lo mismo. Si sólo interactúas de vez en cuando con ellos, no pasa nada, ese día te encuentras cansado, sin energía. Esa sería la palabra clave, energía.

Esta gente son vampiros energéticos. Vienen a ti para descargar su basura en tu mente y con tus palabras consoladoras y motivadoras, recargan sus energías dejándote a ti agotado. Como te decía, si sólo convives de vez en cuando con ellos, no afectará mucho a tu estado anímico. El problema surge cuando interactúas a diarios con ellos. Te van a intoxicar, con sus quejas y problemas.

- **¿Cómo es este sujeto?** Es cruel, despiadado, mentiroso y controlador, eres su marioneta. No le importas lo más mínimo. Siempre quiere ser el centro de atención y se inventará cualquier historia para conseguirlo. También es psicópata y narcisista, está convencido de que sus virtudes son mejores que las tuyas y sus dolencias, son peores. A esta persona nunca se le discute nada, siempre perderás. Es un as de la manipulación social, te pondrá a todos en tu contra. No conoce otra forma de conducta, le gusta hacer el mal.

- **Este sujeto tiene dos características muy marcadas:** es envidioso y vago, conduciendo así a la baja autoestima. Entonces para superar esa barrera, te hará sentir culpable de sus males. Cuando nacemos todos somos o negativos u optimistas, pero con las circunstancias de la vida, hay gente que se vuelve tóxica.

- ¿Por qué? - porque como he dicho antes, es vago y lo quiere todo hecho. Como tiene baja autoestima, se siente inferior a los demás y cree que si posee lo que el otro tiene, se sentirá mejor, de ahí la envidia.

En algún momento u otro, todos podemos ser algo tóxicos.

¿Cómo saber si eres tóxico? Cuando le envidias algo a alguien, ¿qué piensas? Deseo lo que tiene el otro y utilizo esa energía para superarme y conseguirlo pero sin causarle ningún mal. Lo hago por mí, para estar mejor o por el contrario, le deseo lo peor y lo critico. Como he dicho antes, esta persona es un camaleón, se adapta a las circunstancias y personalidades. Para conseguir algo de ti, te abordará de formas diferentes. Según tu personalidad, usará una u otra.

1- Haciéndose la víctima
2- Menospreciando lo que tienes y eres.

Te contará su vida, lo mal que lo está pasando y te dirá frases como: - pobre de mí - ¿qué voy a hacer? - el mundo es injusto - todo me pasa a mí - tú te ganas bien la vida y yo apenas tengo para pasar el mes. Y si ve que no puede influenciarte, intentará desanimarte en cualquier proyecto que emprendas. Te dirá: - «por mucho que te esfuerces no lo vas a conseguir» - «no lo intentes» - «no eres capaz y sabes que tengo razón" -

Así que, sabiendo esto, ten cuidado con las buenas personas y con las que van de víctimas. - ¿Quién desconfía de una buena persona o quién no siente el deseo de ayudar a una pobre víctima? -

El tóxico se encuentra en todas partes, pero como lo que me interesa es que puedas vivir como quieras, me centraré en los ámbitos que pueden condicionar tu objetivo: el trabajo, la familia y los amigos.

Trabajo: la dirección y el compañero.

- La dirección: esta permite que se contamine y extienda el ambiente tóxico. Puede ser por interés o por su incompetencia. Si el jefe es tóxico, creará un ambiente tóxico. Responde a esta pregunta y sabrás por qué el jefe contamina el ambiente. - ¿Qué hace una persona tonta? - Hace tonterías y entonces - ¿qué hace una persona tóxica? - Contamina el ambiente.

Tanto la dirección como el compañero actúan de la misma forma. Empiezo por la primera porque es la máxima autoridad. El ambiente tóxico se crea cuando no hay comunicación entre la dirección y los empleados, entonces se crea un clima de desconfianza y surgen los chismes y miedos. Luego, los compañeros tóxicos se mueven como pez en el agua, porque saben que no hay represalias por parte de la dirección.

- **El compañero:** crea chismes y problemas entre los demás. Digo compañero en singular, porque es donde empieza el ambiente tóxico. Este sujeto influye al grupo y lo intoxica. Con lo cual, acaba convirtiendo a los compañeros en tóxicos. Te dejo dos puntos de su personalidad.

1- Como es una persona vaga, no hará esfuerzo alguno en subir su autoestima, lo que hará será intentar rebajar la tuya. Te mira por encima y en vez de decir yo soy bueno o me gusta lo que hago, dice, tú eres malo, incompetente y no vales para nada (inútil).

2- Como es envidiosa, está continuamente insatisfecha y se queja por todo. Se fija más en lo que le falta que en lo que tiene. Desea lo que tienes tú pero sin hacer el esfuerzo que requiere, (tu sueldo, tu cargo, tu alegría, etc.)

Familia: la pareja y los padres.

- **La pareja:** te aísla socialmente, te separa de tu entorno y destruye tu autoconfianza. Te vuelve sumiso a sus exigencias. Lo hace de forma consciente pero tú cedes inconscientemente, no te das cuenta hasta que ya es tarde y te tiene atrapado. Te has quedado sin amigos y te has alejado de tus seres queridos. No tienes a nadie con quien discutir tu situación personal, además, estás tan hundido y avergonzado de tu situación que aunque tuvieras la oportunidad no lo harías.

- **Los padres:** suele ser por sobreprotección. Te hacen dependiente de ellos, no te dejan tomar la iniciativa con lo cual no sabes tomar decisiones y menos aún, asumir sus consecuencia. Te van a inculcar sus frustraciones. Van a reflejarse en tí, quieren que seas lo que ellos no fueron. Te van a decir, estudia porque si no, no serás nada en la vida. Vas a pasar de estudiar por placer a estudiar con miedo a no aprobar, es decir, vas a dedicar más tiempo a pensar en lo que puede pasar si no apruebas y no en disfrutar del estudio. Con 8 años ya estás asociando suspender un examen con ser un inútil y predecir tu futuro. Si no apruebo los exámenes, no iré a la universidad, no seré nadie, no tendré pareja y me quedaré solo. Vas a vivir en la ansiedad.

- Amigos: el interesado, sólo te llama para pedirte dinero o cuando está aburrido. ¿Quién no ha dejado dinero prestado y nunca lo ha recuperado? es más, hasta te sientes incómodo reclamando lo que es tuyo. Luego, sólo te llama cuando no tiene nada que hacer. Es el típico que mientras tiene pareja, no da señales de vida. Se centra en su mundo y excluye a todo aquel que no le aporte algún beneficio, sin embargo, en cuanto tiene alguna discusión con su pareja o se acaba su relación amorosa, acude a ti para desahogarse, en busca de apoyo moral. Vacía su basura en tu cerebro y una vez que se ha quedado tranquilo, vuelve a desaparecer.

Espero que con este breve resumen entiendas cómo es de perjudicial el ambiente tóxico y cómo puede afectarte negativamente.

Cambiando de tema, te voy a contar la historia de **John y Tina:** son una pareja de rockeros que conocí en Memphis. Nos conocimos en un bar musical, él era el guitarrista y ella la cantante, me acerqué al escenario para echar unos dólares al bote de las propinas y Tina me invitó a unirme a bailar con ellos. Bailamos un par de canciones y nos sentamos en la barra mientras hacían un descanso de 20 minutos. Empezamos hablando sobre la música, qué hacía yo por ahí, una cosa llevó a la otra y terminamos hablando sobre su vida. Me dijeron que estaban viviendo su sueño, vivían como querían. Son de Nueva Orleans, llevaban tres meses viajando por el país tocando música y su ilusión era hacerlo el resto de sus vidas. Les pregunté que debían ganar bastante para poder vivir de la música.

- No, me contestó John.
- Entonces, ¿cómo lo hacéis? le volví a preguntar.
- Tenemos parkings alquilados y unas cuantas acciones, con el beneficio que obtenemos, pagamos dónde dormir y con lo que ganamos tocando, comemos, nos pagamos el transporte y los impuestos de los parkings. Estamos encantados. Estaban hartos de la vida que llevaban en Nueva Orleans, trabajaban en la hostelería, los dos son cocineros. Llevaban una vida agradable, pero no la que ellos querían. La hostelería es muy bonita, pero también muy sacrificada. En festivos, mientras tus amigos tienen el día libre, tú, es cuando más trabajas.

Decidieron que debían hacer algo y actuar, se marcaron un objetivo. Ahorrar 100.000 dólares en 13 años y lo consiguieron. Antes de empezar, adquirieron inteligencia emocional y financiera. Cada vez que juntaban 10.000$ compraban una plaza de parking y la alquilaban por 60$. Ahorrando e invirtiendo después, poseen 12 plazas de parking y algo de efectivo. Con el alquiler de dichas plazas consiguen mensualmente 720$.

El efectivo lo han invertido en unas acciones que les generan un beneficio mensual de otros 50$ más. Es decir, tienen 770$ mensuales de beneficios. Son una pareja estupenda, han invertido tiempo y dinero en prepararse para el mundo de las finanzas. Se han marcado un objetivo, trazado una ruta para conseguirlo y lo han logrado. Fueron 13 años duros, pero el sacrificio es el precio que se tiene que pagar para alcanzar tus objetivos. Se están planteando vender 5 plazas de parkings para comprar un local y alquilarlo. Si algún día deciden dejar de viajar, lo venderán todo y se comprarán una vivienda. Lo mejor de la historia, es que todo empezó por una crisis existencial que tuvo Tina. No le encontraba sentido a su vida. Estudió un FP en hostelería pensando que sería feliz con su trabajo pero los años iban transcurriendo y cada vez se sentía más apática.

Se decía a sí misma: soy cocinera y para eso he estudiado tanto, soy la chef y tendría que sentirme genial.

Sin embargo, John, era consciente que por mucha formación que tengamos, no tenemos que dedicarnos a ejercer lo que hemos estudiado o aprendido en un oficio. Durante el aprendizaje nos divertimos y lo pasamos bien pero luego, a la hora de ejercer no tiene que ser igual de bonito. Era consciente que la mochila de los estudios y los oficios pesa mucho. Hay mucha gente que por ser titulados en esto o aquello, sólo se enfoca en esos oficios o trabajos. En el caso de Tina, estudió cocina porque era una tradición familiar. Venía de una familia dedicada a la hostelería.

Crisis existencial: surge cuando no le encuentras sentido a tu vida. Sabes que eres afortunado porque no te falta de nada, pero aún así, te sientes mal y vacío. No encuentras respuestas a tus preguntas sobre la vida:

¿Qué haces aquí?
¿Para qué has nacido si luego te mueres?
¿Por qué nunca eres feliz? y muchas otras más del mismo estilo.

Puedes evitar pasar por este mal trago si vives como quieres. Te evitarás muchos dolores de cabeza y frustraciones. No te harás estas preguntas porque ya tendrás las respuestas. Le estarás dando un sentido a tu vida. ¡Hacer lo que te apetece!

- ¿Y siempre has ganado en las inversiones?
- Bueno, cuando empecé, lo hacía a valor seguro. Con lo cual, siempre ganaba algo, poco, pero ganaba. A base de invertir y aprender cada vez más, me hice muy amigo del fracaso.

Se aprende más de él, que del triunfo. Esto sirve para cualquier circunstancia de la vida. Cuando todo te va bien, no innovas, sigues con lo mismo. Este es necesario para aprender y mejorar.
Hay que tener mucho cuidado con el triunfo, te puede cegar y hacer perder la noción de la realidad. Te vuelves confiado, distraído, descuidado y dejas de tomar tantas precauciones. Te pongo un ejemplo para que lo entiendas mejor:

El bar de Cristina: esta chica abrió un bar. Preparaba unas hamburguesas y vendía unas cervezas buenísimas. Tal fue el éxito, que en apenas 9 meses, tuvo que contratar a 5 empleados. Pero el éxito real del negocio era lo simpática, atenta y agradable que era con sus clientes. Siempre con una sonrisa de oreja a oreja.

El negocio iba bien, pero no supo gestionar el éxito y el volumen de trabajo era tal, que dejó de estar por sus clientes y se centró sólo en la facturación. Casi no sonreía a sus clientes y cuando alguno le pedía un poco de atención, le contestaba que no tenía tiempo que perder. Que tenía que hacer hamburguesas. Olvidó que el valor añadido de su bar era ella misma. Su personalidad tan carismática y agradable. La gente iba al bar por verla y conversar un rato con ella. Desprendía una energía tan positiva y alegre que se contagiaba en el ambiente. Al cambiar de actitud y descuidar a los clientes, estos dejaron de acudir y se fueron a la competencia. Pasados tres meses tuvo que replantearse su actitud, se dio cuenta del error y volvió a sonreír y a disfrutar de su trabajo, sin estresarse y hablando con sus clientes.

Recordó ¿por qué? y ¿para qué? abrió el bar. Cuando pierdas la noción de tus inversiones. Vuelve a hacerte las mismas preguntas que te llevaron a invertir.

En la adversidad, se despiertan cualidades por la necesidad que en la comodidad, están dormidas.

No ha sido fácil pero ha merecido la pena. Lo primero que hice una vez tomada la decisión de invertir fue prepararme, tanto en inteligencia emocional como en inteligencia financiera. En la emocional es muy importante saber controlar la voz interna que te está diciendo constantemente, vigila, no es seguro y te inculca miedos para no actuar. En la escuela nos preparan muy bien académicamente, pero no enseñan nada sobre cómo gastar el dinero, invertirlo o peor aún, el funcionamiento de los impuestos. Muy necesarios para el buen funcionamiento de un país, para que podamos gozar de un bienestar en condiciones. Si conoces su función, te motivará a ganar más y pagar menos.

De la escuela salimos preparados para trabajar, pero para otros, no para crear nuestra propia empresa y ser autónomos.

Gastos pasivos: son los gastos que tienes sólo por respirar, están los anuales y los mensuales.
Anuales: los seguros que tengas contratados, impuestos, comunidad de la vivienda, cuota del gimnasio, mantenimiento del vehículo etc.
Mensuales: la vivienda, la luz, el agua, la comida y cualquier hobby que tengas.

Ya que te he hablado de las inteligencias:

- ¿No te has fijado que la sociedad se mueve por el mismo patrón?
- Hmm ¿el mismo patrón?

Sí, los jóvenes sólo empezar a trabajar, en vez de ahorrar y comprar activos para vivir de los intereses generados, compran pasivos y lo peor de todo, se endeudan con préstamos innecesarios. No saben nada sobre las inversiones y se hipotecan. Según ellos, invertir no es seguro, y entonces ¿qué es una hipoteca?

Muchos creen que es como ir a la tienda del barrio y decir: dame una barra de pan que ya te la pago luego, pensando que si no pueden, ya la pagarán al día siguiente. No digo que hipotecarse sea malo, todo lo contrario. Es una buena inversión, pero siempre y cuando sepas el motivo de por qué lo haces. Si es por miedo a no tener dónde quedarte una vez jubilado o por una moda social, tu destino es la ruina financiera. En este caso en concreto, es mejor tener efectivo que una vivienda. Esta nunca será tuya. Siempre vas a medias con el estado y/o con la comunidad de vecinos. Cuando quieras hacer alguna reforma, tendrás que pedir permiso tanto al gobierno como a la comunidad de vecinos. Las inversiones hay que disfrutarlas, si las haces por miedo, tu mente se centra en lo negativo y no ve las oportunidades de progresar. Sólo ve los peligros, imaginarios, pero los ve. Llama a tu voz interior para que tome el control. Te mueves por las emociones y no por la razón. Olvidando que hay que dejarlas en casa a la hora de invertir. Nunca tomes una decisión importante cuando estés muy contento o muy triste. No piensas con la razón, sino, con la emoción del momento. Quizás haya una oportunidad para vender la vivienda y no lo hagas. O no merezca la pena comprarla y lo haces. También, la moda social, no sabes las razones de los demás para comprar. A lo mejor, trabajan en inmobiliarias y lo hacen para que les copies. Te las puedes imaginar, pero no las sabes.

Te voy a contar la historia de tres socios:

Juan, Susana y Jose: nos conocimos en Ámsterdam, tomando un café en uno de sus famosos coffee shops, estaban preparando su nueva venta. Tenían una empresa de venta online. Eran de Valencia pero residían en Berlín. Vendían cualquier producto que se proponían. Eran conscientes que mucha gente se mueve por envidias y aparentar lo que no es. Simplemente por no ser menos que el vecino y se aprovechaban de esa situación. En esa ocasión se hacían pasar por un matrimonio y su hijo. Se mudaron a una zona residencial. Juan, hacía de padre y se dedicaba a la venta de coches de lujo. Susana, de madre y su labor era la venta de ropa de alta costura y Jose, era el hijo mimado. Le compraban lo que pedía. Se paseaban por el barrio enseñando su potencial económico y su hijo, iba a la universidad vestido con las mejores marcas. Se dedicaba a promocionar la ropa que vestía entre su nuevo círculo de amigos. Todos adinerados o por lo menos, querían aparentarlo.

Durante el primer semestre de clase ya había vendido cientos de pantalones, camisetas y relojes. Por su parte, el padre, había vendido 6 Porches y un Ferrari. La madre, también hizo su parte, vendió 15 vestidos de los costureros más prestigiosos del momento. Cuando lograban su objetivo, volvían a su ciudad a descansar y disfrutar de sus logros. Sabían que la gente sencillamente copia y no pregunta. Si yo tengo esto o lo otro, tú querrás lo mismo y no me preguntarás cómo he hecho para conseguirlo. Simplemente me preguntarás dónde lo he comprado. Encantado te diré el lugar y cómo financiarlo. Vivimos en una sociedad de consumo semejante a un restaurante de comida rápida: quiero esto y te lo sirven en dos minutos. Esto conlleva sus consecuencias. Si en esa comida es el colesterol y la grasa, en la sociedad, es la insatisfacción continua. Se obtiene todo al momento y no se para a pensar en ni ¿por qué? se ha comprado ni ¿para qué?

En la vida lo puedes tener todo pero no al mismo tiempo. Los medios de comunicación nos bombardean con publicidad para que no tengamos tiempo de pensar y menos aún, de razonar. Copia al vecino y cómprate lo mismo que él, pero sobre todo, no te lo cuestiones. No vaya a ser que entres en razón y te salgas del rebaño. Compra, compra y compra. Que la cadena no se detenga. En esta cadena también quisieron entrar los gobiernos e hicieron equipo junto con los bancos y las inmobiliarias. A través de los medios de comunicación llevaron una campaña brutal en contra de los alquileres. Pero no creas ni por un segundo que estos últimos son nuestros enemigos. Están ahí por y para nosotros, están bajo nuestro control. Son un reflejo de nuestra sociedad, se mueven según nuestras necesidades. Si haces una película y quieres que se vea a nivel mundial, ellos te pueden ayudar a difundir la información.

Todo depende del mensaje que quieras enviar y sobre todo, de lo que los demás interpreten. No es justo que se les eche la culpa de todos lo males sociales. No seas vago y antes de creerte una noticia a pies juntillas, usa tu cerebro y sé crítico. Si anuncian que una película es la mejor del siglo, infórmate antes de ir a verla y tendrás tu propia opinión. Lo que pasa, es que los gobiernos y bancos supieron manipular la mente de la gente jugando con su ilusión y aprovecharse de las deficiencias escolares en materia de inteligencia financiera. La ilusión ha hecho mucho daño, por no saber gestionarla.

Esto me hace ilusión y como tal, me lo llevo, lo compro. Dicen por ahí que me lo merezco, pues será verdad y me lo creo sin más.

"Te lo mereces, cómpralo "

Ten en cuenta que los gobiernos están manipulados por el poder económico "las multinacionales". Imagínate que eres el presidente de tu país y quieres aprobar una ley que sea buena para el pueblo pero vaya en contra de ciertos intereses de alguna multinacional. Te va a amenazar con cerrar y despedir a todos los empleados, pongamos que son 3.000. ¿Qué harías? Seguramente cederías a sus peticiones.

Para endeudar a la gente, como estrategia de manipulación, utilizaron el aspecto emocional, este influye en los miedos, temores, alegría e ilusión. Se inculcó un miedo excesivo a llegar a la jubilación y no tener dónde vivir.

"Las pensiones están en peligro y con lo que te quedará, a duras penas te alcanzará para comer"

Como solución al problema, se propuso hipotecarse. Usaron una de las leyes más antiguas para esclavizar a la gente.

"La necesidad autoimpuesta"

En los Estados Unidos, la esclavitud se abolió en 1865 y en Europa empieza sobre el año 2.000. La gente se ha hipotecado con los bancos a una media de 30 años. Ya no pueden decidir sobre su futuro. Unos años atrás los esclavos pagaban por su libertad y ahora se paga por perderla, por adquirir esclavitud. Curioso, ¿no?

La necesidad autoimpuesta: si quieres esclavizar a alguien o recortarle derechos, crea un problema y al mismo tiempo la solución. Cuando venga a rogarte ayuda, proporciónale la solución pero a cambio de algo. Va a ceder encantado. Podrás recortarle derechos sociales adquiridos a base de años negociando, sin oposición alguna. Paralelamente, a nivel cultural se empezaron a emitir programas de televisión que incitaban a la ignorancia y a aceptar la mediocridad. Se promovía al público a creer que era interesante y estaba de moda ser inculto, maleducado, vulgar y no interesarse por la ciencia. La socialización, aprendizaje y aceptación de estos programas induce a la conformidad, la sumisión, la obediencia, la aceptación de la norma social y/o vestirse según la moda. La socialización permite que te sientas identificado con algún grupo. En este caso, al de la gente inculta y vulgar que aparece en dichos programas y el aprendizaje se produce con las creencias, valores, roles y expectativas del grupo. Creerás que tu forma de pensar y comportarte es consciente, deseada y querida. Pero en realidad estás inducido a comportarte según una estrategia planeada, sutilmente impuesta.

Cada vez es más caro estudiar una carrera universitaria, pero a la población parece no importarle. Un pueblo inculto es más fácil de controlar y gobernar.

¿No te parece extraño que saquen a diario noticias de lo mal que está el mundo y de lo peligroso e inseguro que es?

Todas estas noticias hacen que te vuelvas inseguro y no quieras salir de tu zona de confort. No exploras más allá, no conoces nada más y crees que el mundo se acaba allí. Viajando como viajo, no veo tanta inseguridad como nos venden.

Hay una frase que dice: **"ten al pueblo distraído y podrás esclavizarlo y robarle cuanto quieras."**

Los gobiernos incentivaban la compra con suculentos beneficios fiscales, los bancos concedían préstamos sin condición alguna y las inmobiliarias aparecieron de la nada, en cualquier esquina había una. Primero crearon una necesidad inexistente y luego vendieron lo que les dio la gana. Si no tenías una hipoteca, no eras nadie y además, eras un inconsciente por tirar tu dinero en un alquiler. También, se asoció tener una hipoteca con ser feliz y ahí se produjo el éxtasis.

Muchos jóvenes gritaban al cielo: *¡Soy feliz, tengo una hipoteca!*

Los gobiernos recaudaban más en impuestos, los bancos concedían préstamos sabiendo que la gente no los podría devolver y se quedarían con sus viviendas para posteriormente volver a venderlas, respaldados por los anteriores. Curiosamente, cuando alguien te pide dinero prestado y no te lo devuelve, no puedes hacer nada. Lo pierdes. El estado no pone todas sus fuerzas a tu servicio para que lo recuperes y menos aún, te lo reembolsa él mismo. Sin embargo a ellos, si. Pero lo mejor de todo: ¡les ha regalado el dinero de tu jubilación!

Otra curiosidad que los hace especiales: son el único organismo autorizado para crear dinero de la nada. Imprimen tantos billetes como quieren y deciden si la economía va bien o no. A su antojo. Pero al igual que con los medios de comunicación, tampoco les eches la culpa de todo. Estos están dirigidos por personas como tú y como yo, sólo que han adquirido las inteligencias emocional y financiera. Juegan con una información que mucha gente no tiene o no le presta atención. A su vez, las inmobiliarias vendían cualquier zulo a precio de oro. Era la oferta/demanda.

Una vez llenados los bolsillos, para justificar la crisis actual, se les echa la culpa a los ciudadanos. Se les dice que han vivido por encima de sus posibilidades y ellos han creado esta situación. Por causa de su poca capacidad intelectual y su bajo rendimiento. Tienen demasiadas vacaciones y días festivos. Hay que recortarlos y rebajar todavía más los sueldos. Para crear más empleos. De esta forma, en vez de rebelarte contra el sistema, culpas a tu entorno más cercano y a ti mismo, cayendo en una gran depresión. El pueblo se verá agotado y sin fuerzas para luchar por sus derechos. Va a sentirse tan indefenso con los recortes sufridos que se arrimará aún más al gobierno, si este le promete un mejor futuro. Será todavía más dependiente de los mismos mandatarios que le han llevado a esa situación. Sin libertad, no hay acción, con lo cual, no hay cambio. Uno, como ciudadano confía en su gobierno y en el sistema de vida que este implanta y ofrece. Todo se resume a la falta de inteligencia financiera. En la escuela tendría que ser una asignatura obligatoria.

Al no tener tiempo de hacerse las dos preguntas anteriores, se produjo el endeudamiento: ¿por qué y para qué se ha comprado?

Hubieran visto que las respuestas son: para tener una hipoteca a cambio de perder libertad y porque quiero ser feliz, olvidando que la felicidad es algo interno, no externo. No por tener una vivienda en propiedad vas a ser más feliz que viviendo de alquiler.

Vivir tiene un precio, aunque sea un derecho.

Hablando de hipotecas, me ha venido a la mente un matrimonio que conocí en Bilbao, en su famoso museo, durante una exposición de arte gótico.

Noemí y Carolina: eran un joven matrimonio de un pueblo de Asturias. Trabajaban en un supermercado, Noemí era carnicera y Carolina, cajera. Tenían una hija de 18 años que empezaba la universidad. Desde que esta nació le han ingresado 70 € mensuales, para cuando llegara el día, tener el dinero para poder hacer frente a los estudios. Eran previsoras pero no se veían capaces de ahorrar su 20% de ingresos mensuales y decidieron que era mejor hipotecarse. Se compraron un apartamento, para cuando estuvieran jubiladas no tener que pagar un alquiler y llevar una vida digna o venderlo y con el capital obtenido, irse de alquiler. Cuando llegara el momento ya decidirían. Debido a la crisis, tuvieron un pequeño percance con el banco a causa de la hipoteca. A partir de ese momento perdieron la confianza en él y retiraron los ahorros de la universidad de su hija. Los invirtieron en oro. Sabían que era un refugio seguro y compraron lingotes. No está unido a una entidad que pueda quebrar. Otra ventaja que tiene, es que es dinero en sí mismo y es íntegramente tuyo. No pagas impuestos por tenerlo. Lo puedes canjear por efectivo en cualquier momento y lugar del mundo.

Una vez por año, cuando tenían los 840 € ahorrados compraban más lingotes. Cuando Luisa, así se llamaba la hija, cumplió los 18 años y quiso estudiar su carrera habló con sus madres y vendieron el oro. Recuperaron un poco más de lo invertido, ascendía a 16.500 €. Quería estudiar económicas y finanzas, con lo cual, entendía bastante de inversiones e intereses. Invirtió el dinero en un fondo en el que obtenía un 16% anual. Con los intereses se pagó los estudios. Pasado el primer año, ya disponía de 2.640 € de beneficio y podía pagar la matrícula sin necesidad de recurrir a sus ahorros. Prefirió postergar los estudios un año y obtener un beneficio sobre el capital. Una vez finalizados, todavía disponía de la totalidad de los ahorros y tuvo la opción de destinarlos a su proyecto de vida. Cuando inviertes en oro, si quieres que te lo roben, díselo a cualquiera y verás como en poco tiempo, lo intentan. Es una inversión que hay que mantener en secreto, pues este se guarda en casa.

Te he expuesto esta historia para que veas la diferencia entre hipotecarte por miedo a no tener donde quedarte una vez jubilado, y, la de hipotecarte pensando en que al no tener que pagar más un alquiler, vas a poder disfrutar de tu jubilación. La primera incita a la ansiedad, pensando, si no logro pagar la hipoteca, no tendré donde vivir. La segunda, en cambio, invita al optimismo y a la motivación, a hacer planes para cuando te jubiles. Con lo que me ahorraré del alquiler, podré viajar, ir a la playa, comprar regalos a la familia, etc...Como ya he repetido en varias ocasiones, siempre depende de tu actitud. Tú decides si haces una cosa u otra y cómo te afecta.

Controla tus pensamientos y controlarás tu mente.
Controla tu mente y controlarás tu conducta.

Respecto a los impuestos, cuando un joven estudiante consigue su primer empleo y negocia el sueldo, se queda perplejo cuando recibe su nómina. Es inferior al pactado. No sabe que el gobierno se queda con una parte. Este se convierte en tu socio fundador y capitalista. A partir de ahora, será como tu pareja o compañero de viaje. De todo lo que ganes, una parte se la lleva él, nunca más os separaréis. Asimismo, también es de vital importancia la influencia que tus padres tengan sobre ti en relación con el dinero.

Cuando vivías con ellos, recuerda cómo era su relación con él.

¿Te decían frases cómo?

- El dinero no cae del cielo.
- Es sucio, corrompe a la gente.
- No es tan importante.
- Mientras tengas salud ¿para qué lo quieres?
- Sólo los avariciosos hablan de él.
- ¿Para qué lo quieres? si con poco se vive.
- ¿Qué crees, que soy un banco?
- Las inversiones son muy peligrosas y además, son cosa de ricos.

Lamentablemente, si te han educado bajo estas consignas, tu relación con él no puede ser buena, pero no te preocupes, a pesar de haber sido educado de esta forma, si te lo propones y tienes actitud de acero, puedes superarlo y llegar a tener éxito en las finanzas.

Te lo explico con una metáfora: el mismo agua que oxida una barra de hierro, le saca brillo a una de acero. Esto demuestra que no son las circunstancias, sino, del material del que estás hecho. Si estás hecho de hierro, el agua te afectará, pero si lo estás de acero, te resbalará.

Visto que he mencionado el tema de los padres, te voy a explicar un poco el motivo de la educación que te hayan podido dar. Si estás agradecido por su educación, perfecto. Pero si no lo estás, es más, si estás molesto con ellos porque no te compraron todo lo que querías, o no te dieron el amor o la atención que requerías, espero que a partir de ahora lo entiendas y cambies de opinión respecto a ellos.

Tus padres: primero de todo, sólo tú decides si te afecta algo o no. Si quieres motivos o excusas para actuar o no. Las circunstancias y lo que los demás hacen o dicen no te afecta. Lo que te afecta es cómo lo interpretas tú. Recuerda cómo piensa la gente positiva: se hacen responsables de lo que piensan y dicen pero no, de lo que interpretan los demás. Aplícatelo, no son responsables de lo que tú interpretes. Teniendo esto claro ya puedes continuar con la lectura. Te han educado como sabían, como les enseñaron. Han podido inculcarte sus miedos y frustraciones. Si les preguntas por qué hacían tal cosa, u otra, te van a responder, que es lo que creían que había que hacer. Cuando te decían no hagas eso o aquello, que es malo o peligroso, no lo hacían con mala intención. Si han pasado penurias, hambre o miedo, con la educación que te han dado, querían que no pasaras por lo mismo que ellos. Han vivido una época diferente a la tuya, con menos tecnología y libertad de movimiento. No sabes por las situaciones que han podido pasar ni cómo les ha afectado. Cuando no te compraron la bici que tanto querías, no sabían que fuera tan importante para ti.

Si llegan a saber que esa negación iba a despertar en ti tanto rencor hacia ellos, seguramente te la hubieran comprado. Recuerda cómo eras tú a la edad de 10 años y mira cómo son ahora los jóvenes de esa misma edad. No os parecéis en nada. Pues imagínate tus padres y tus abuelos, todavía menos se parecen. Analiza bien la situación y no les eches la culpa de todos tus males. Si en vez de enfocarte en lo que no te dieron, te enfocas en lo que te dieron, verás que es más de lo que recuerdas. Te han dado de comer, vestido y pagado unos estudios, aunque creas que es su obligación, no lo es. Como padres, según marca la ley, están obligados a no dejarte morir de hambre ni de frio e inscribirte en la escuela. Ahora piensa en la comida que te daban y dudo mucho que fuera sólo pan y agua.

La ropa que te han comprado, seguramente no han sido trapos, simplemente para abrigarte del frío. La escuela, aparte de inscribirte, te han llevado hasta que tuviste edad para ir solo. Quizás no han asistido a ninguna reunión de padres, pero eso no quiere decir que no les importaras. Muchos padres asisten y luego no se enteran de nada, simplemente van a ser meros espectadores. De ahí la importancia del lugar de enfoque que he mencionado anteriormente, para mantener tu felicidad, enfócate en lo que tienes y no, en lo que te falta. Si le echas la culpa de tus desgracias a ellos o a cualquiera que no seas tú, estás dejando tu destino y forma de vida en manos de otros y eso es muy triste. Estás demostrándote que no tienes decisión alguna sobre el rumbo de tu vida y que nada depende de ti.

Si eres padre o algún día quieres serlo, te dejo algunas pautas de educación para que veas cómo puedes influir en el futuro de tu hijo/a. Lo puedes guiar para que sea una persona dependiente de todos, egoísta y materialista (parásito) o por el contrario, que sea autónoma, con valores y agradezca lo que tiene (libre).

Conseguir un hijo/a parásito: es la forma de educar más sencilla. Dale todo lo que te pida sin exigirle nada a cambio. Hazle creer que se lo merece todo, que con sólo pedir, se obtiene. Tiene derechos pero no obligaciones. No tiene que hacer ningún esfuerzo por conseguir los objetivos que se marque. Como para nosotros es el más guapo/a de la casa, para los demás también lo será. Cuando quiera algo y no lo obtenga, la culpa es de los demás por no dárselo. Siempre tiene la razón y quien no lo vea así, está equivocado. No le marques límites y compórtate como si fueras su amigo/a, así el día que se enfade contigo, podrá faltarte al respeto como a cualquier otro amigo. Mímalo hasta los extremos, no dejes que se caiga nunca y sobre todo, no le riñas. Con estas pautas de comportamiento tu hijo/a no sabrá moverse por el mundo por sí solo/a. Buscará siempre la aprobación de los demás para hacer cualquier cosa.

Cuando quiera algo y no lo obtenga, se sentirá tan frustrado que optará, o por la agresividad o por la sumisión total. Dejará que cualquiera tenga poder sobre él/ella, será o rebelde o sumiso/a, no sabrá defender sus ideas. También, si también quieres condicionarle en los estudios para que estudie con miedo a suspender en vez de tener ganas de aprender y aprobar, incúlcale estos miedos: repítele constantemente que si no estudia o suspende, acabará como el indigente que duerme en la calle, sin dientes y mal oliente. Tu hijo/a asociará suspender con ser un indigente o sin futuro alguno y cuando tenga que esforzarse más de lo habitual para aprobar, desistirá y se pondrá ansioso pensando en la vida que le espera. Odiará los estudios, les tendrá pánico, no querrá saber nada de ellos, se inventará cualquier excusa para no estudiar.

Conseguir un hijo/a libre: dialoga con él/ella, razona tu comportamiento hacia él/ella y pídele explicaciones, para que aprenda a expresarse y dar su punto de vista. Ponle límites rígidos:

Si es blanco, es blanco y no gris. En casa se siguen unas normas y si quiere saltárselas, que razone sus motivos. Fomenta su independencia, que colabore en el hogar: limpiar, planchar y cocinar. Así sabrá el esfuerzo que supone tener un hogar acogedor y limpio. Le explicas el funcionamiento del dinero, para que lo valore. También, háblale de la muerte, que entienda que en cualquier momento tanto tú como él os podéis morir. Para que no se haga dependiente de nadie ni de nada y disfrute de lo que hace. Esta forma de educar te supondrá un esfuerzo extra pero con el tiempo lo agradecerás. Lo ideal es empezar desde que comienza a caminar, que vea que su comportamiento tiene consecuencias. Ante todo eres su padre/madre, no su amigo. La educación de un hijo/a es un aprendizaje mutuo. Tú también sales reforzado/a.

Prosigo con los estudios universitarios, no son obligatorios. Con lo cual, si no tienes los medios para costeárselos, no te sientas frustrado ni sufras por ello. Igualmente, aunque los tengas, tampoco se los pagues íntegramente, que se pague una parte. Así los valorará más. De esta forma te aseguras que estudia algo que le gusta y no, que lo hace por no trabajar. El estado concede becas, que se esfuerce en sacar la nota necesaria para poder acceder a ellas. También, puede trabajar los fines de semana o los festivos. No importa si acaba los estudios más tarde de lo normal. Por normal, se entiende los años estipulados para hacerlos. Nadie le asegura que vaya a encontrar empleo una vez finalizados o que tenga la posibilidad de montar su propia empresa.

Para que veas que no es tan importante, **te expongo el caso de Emma:** es una mujer de 34 años y es la fiscal general del Estado de Sofía, Bulgaria. Nos conocimos en Transilvania, visitando el castillo del Conde Drácula. Íbamos en el mismo Tour y durante el mismo, entablamos conversación, contándome un poco su historia. Es digna de admiración. Estudió y trabajó al mismo tiempo.

Cuando aprobó la selectividad a los 18 años de edad, no pudo ir a la universidad porque su familia no tenía los medios económicos necesarios para costearle los estudios. En contrapartida, sus padres la habían educado para que fuera una chica independiente, que supiera moverse por la vida sin depender de nada ni nadie. Es la mejor herencia que se le puede dejar a un hijo, enseñarle a valerse por sí mismo. Tenía las ideas muy claras, quería ser abogada desde que cumplió los 12 años. Se informó de las becas que concedía el estado para los estudiantes, hizo números para saber a cuánto ascendía el estilo de vida que deseaba llevar y empezó de inmediato. Los 5 años de estudios ascendían a 12.500€. Cada uno costaba 2.500 €. Es el precio de un coche. Trabajó durante 4 años para poder ahorrarlos y se puso manos a la obra.

Se inscribió en la Universidad de Salamanca. Por las mañanas iba a clase y por la tardes estudiaba en la biblioteca. Trabajaba los fines de semana, festivos y en vacaciones. Con las becas podía pagar la residencia de estudiantes, con sus ahorros, los estudios y con lo que ganaba trabajando, iba viviendo el día a día. Empezó a estudiar con 23 años y acabó la licenciatura en Derecho a la edad de 28. Muchas de sus compañeras que acabaron los estudios a los 23 años, actualmente se encuentran en el paro. Para que veas que no importa a la edad que los finalices, lo importante es finalizarlos. Fueron 5 años bien duros, pero mereció la pena me afirmó. En este caso, Emma, no quiso invertir porque no quería dedicar tiempo a adquirir inteligencia financiera pues su meta era acabar la carrera cuanto antes. Pero hizo una parte muy importante de las inversiones, ahorrar y adquirir inteligencia emocional. Cuando te centras en algo y vas a por ello con todas tus fuerzas, lo consigues. Al menos, aquello que depende de ti. Sigamos con la segunda pregunta de la inversión.

La segunda pregunta es: ¿cuánto dinero estoy dispuesto a perder?

Porque lo único seguro que hay en las inversiones son las pérdidas. También se puede ganar, para eso se invierte. Pero es como todo, lo único seguro que hay es la muerte. Un factor muy importante a tener en cuenta, son las emociones. Como ya he mencionado anteriormente, estas se dejan en casa a la hora de invertir. Hay que separarlas del dinero. Porque cuando estés muy contento, puedes comprar demasiado caro y cuando estés triste, puedes vender a un precio demasiado bajo. El negocio se hace al comprar y no al vender. Se compra barato para vender más caro. Aunque parezca evidente esta regla, mucha gente la obvia. Vale para cualquier inversión, ya sea en bienes inmuebles, terrenos, materias primas, etc.

Un pescadero compra el pescado a un precio y lo vende a uno más caro, cuánto más barato lo pueda comprar, más beneficio se llevará en la venta. Hay que ser frío en las inversiones, si lo vas a pasar mal, mejor no inviertas. Es como un juego, se gana y se pierde y hay que ser consciente de ello. Pregúntate: ¿qué pasa si pierdes un 10% del capital?

Si no vas a pasar penurias ni malestar, invierte. Lo importante, es saber que puedes ganarlo. Con una buena inteligencia emocional y financiera sabrás en qué invertir y cómo.

Tercera pregunta: ¿tengo en cuenta las tres variables?

- Plazo de tiempo
- Rentabilidad esperada
- Riesgo asumido

- El plazo de tiempo: es el tiempo que va a pasar antes de que puedas retirar tu dinero de ese producto.

- La rentabilidad esperada: dos conceptos muy importantes han de quedar claros, la renta fija y la renta variable.

- **Renta Fija:** se conoce de antemano el beneficio obtenido, este puede ser en mensualidades o anual. Por lo general suele dar menor beneficio que la variable, pero te aseguras una entrada de capital segura, como por ejemplo: los bienes inmuebles y los productos bancarios.

Los bienes inmuebles: tienes un local, un parking o una vivienda y lo alquilas por cierto dinero mensual o anual.

Productos bancarios: depósitos, o fondos de inversión. Los fondos pueden ser tanto fijos como variables.

- **Renta Variable:** en este caso no se conoce de antemano el beneficio. Depende de diversos factores, como son las subidas y bajadas del mercado. Como por ejemplo: las acciones, fondos de inversión o un negocio propio. Lo importante es saber cuándo entra el dinero y si dependes de él en ese momento.

- El riesgo asumido: es la capacidad de afrontar la aversión al riesgo. Decidir si es mejor ganar algo pero no perder nada o en cambio, ganar bastante aun riesgo de perder algo. Ya que estoy mencionando las rentas, vuelvo al caso de los jóvenes que se hipotecan, se saltan la tercera pregunta. La de las tres variables:

El plazo de tiempo, la rentabilidad esperada y el riesgo asumido.

Pero lo peor de todo es que no distinguen entre las dos rentas. La mayoría se han metido en cuotas variables, es decir en renta variable, pero para el banco. No se informan en saber si están comprando caro o a buen precio, lo hacen a ciegas, dejando el posible beneficio al azar. No saben ni cuándo van a recuperar la inversión ni cuánto van a ganar o recuperar siquiera. Les preguntas a cuánto han pagado el metro cuadrado y a cuánto lo venderían y no tienen ni idea de lo que les estás hablando. Creen que el precio se calcula según las habitaciones de la vivienda. En vez de asesorarse por profesionales del sector financiero, lo hacen a través de familiares, amigos, conocidos o peor aún, en agencias inmobiliarias, que lo único que quieren es vender. Es como comprar un vehículo de ocasión, el vendedor te dirá que es una ganga y es la mejor compra que puedes hacer.

Si quieres aprender a jugar a fútbol, no entrenarás con un equipo de baloncesto. Cada cual es bueno en su terreno. Invierte dinero y tiempo en asesorarte y prepararte antes de adquirir cualquier inversión. Esta condicionará tu presente y posible futuro. A las inmobiliarias se acude para orientarse del precio medio del mercado, a los bancos para pedir la hipoteca y a los asesores financieros para informarse si es viable o no la hipoteca. Si quieres montar un negocio, tienes que barajar todas las opciones. Porque si sale bien, podrás vivir de él, pero si sale mal, te puedes arruinar o peor aún, quedarte endeudado durante mucho tiempo. Compras la mercancía para venderla esperando recuperar el capital invertido más un beneficio en la venta. Como verás, cualquier inversión conlleva un riesgo, ya sea bancaria, inmobiliaria o montar tu propio negocio. Decide cual te compensa más y actúa. Pero no olvides los impuestos, no todos los productos pagan lo mismo. Como en cada país son diferentes no voy a profundizar en ellos.

Hablando de negocios, me ha venido a la mente la historia de **Marcos y Lucía**: eran una pareja de Madrid, que conocí en Rio de Janeiro, en la playa de Copacabana, estaban de luna de miel. Se dedicaban a la informática, trabajaban para una gran empresa ubicada en el centro de Madrid. Su vida era agradable y eran felices, tenían 2 hijos. Unos amigos de Lucía tenían un restaurante en la costa de Málaga y como en unos años se jubilaban, lo querían traspasar. A Marcos siempre le había gustado la hostelería ya que sus padres tenían un bar a las afueras de Madrid y en alguna ocasión le había comentado a Lucía que podrían abrir un restaurante. Dicho traspaso era de 15.000 €. Se lo plantearon seriamente e hicieron cuentas. Se informaron de cómo adquirir inteligencia financiera y emocional y empezaron a ahorrar y a invertir. En este caso, la inteligencia emocional, era para poder dejar ese dinero sin tocarlo. Es muy curioso el hecho de tener dinero y es que en cuanto tienes algunos ahorros, te surgen nuevas necesidades.

Ahorraban cada mes 300 €. Al cabo del año, cuando ya tenían 3.600 €, los invirtieron en un fondo de inversión que les reportaba un 9%. En menos de cuatro años reunieron los 15.000€.

Pudieron quedarse con el local, sólo pidieron un préstamo de otros 8.000€ para reformarlo un poco y ahora, viven como quieren. El préstamo lo van pagando con lo que ganan en dicho local. Al tener ya inteligencia financiera, conocen la diferencia entre deuda mala y deuda buena. La buena es la que se pide para invertir, se devuelve con lo que se gana, es decir, se paga sola. La mala es la que se pide para el consumo propio, es decir, la pagas tú.

En Hong Kong, conocí a un hombre que me dijo una frase muy interesante:

Cambia tu forma de pensar y cambiará tu mundo.

También añadió, si quieres saber el nivel cultural de una persona o del ambiente que te rodea, pregúntales qué programas de televisión ven y qué prensa leen. En consecuencia a sus respuestas sabrás qué temas tratar con ellos y no te sorprenderán sus conductas. Te vas a ahorrar muchas discusiones, aprende a ponerte a la altura de los demás, siempre puedes rebajar tu nivel cultural. El día que quieras algo de ellos, sabrás por dónde entrar. Sabiendo esto, cambié de amistades. Fue una de las mejores decisiones que hice en mucho tiempo. El ambiente que me rodeaba no invitaba para nada a invertir, es muy importante saber con quién te relacionas. Me alejé de la gente tóxica, negativa y me acerqué a la positiva y optimista, para fijarme cómo veían ellos el mundo.

Estaba harto de oír siempre las mismas historias. Lo mal que va el mundo y la economía. Cuando viajo, no veo eso, hay de todo, pero sobre todo, veo gente feliz y alegre. No podía, ni quería creer que el mundo fuera un lugar tan triste y efectivamente, viajando y conociendo otras personas, lugares y formas de pensar, puedo asegurarlo. El mundo es maravilloso. Tenemos tantos motivos para sonreír y ser felices que si los empiezo a nombrar, me temo que les dedicaría tres libros enteros. Es estupendo sonreír. Mientras lo haces no sufres y te olvidas de los malos momentos. Es un estado de alegría extremo. Imagínate sonreír a diario un mínimo de 4 horas. No cuesta ningún esfuerzo. Lo puedes hacer mientras haces cualquier otra cosa y lo mejor de todo, *es gratis*.

Hay gente con mucho dinero y no sonríe. El mundo es un lugar lleno de posibilidades para hacer lo que quieras. Está hecho de tal forma que puedes vivir siempre feliz si te lo propones. No se ha creado para ir en tu contra, no tendría sentido. La vida es tan maravillosa, bella y sencilla que explicándola parece complicada y rebuscada. Simplemente, no te lo da todo masticado, pero te ha dotado de inteligencia y motivación para que prosperes y vivas como quieras. Tienes emociones y sientes dolor para que puedas decidir entre lo que te gusta y te daña.

Si sigues las 4 leyes de la naturaleza verás que es muy sencillo:

- Si hace frío, abrígate.
- Si hace calor, desabrígate.
- Si quieres algo, pídelo.
- Si no quieres algo, recházalo.

Sólo tenemos 3 obligaciones: respirar, alimentarnos y descansar. A partir de aquí todo lo demás son preferencias.

Ejecutando estas simples pautas, sólo te llegará abundancia y bienestar. Hay montañas, mares, ríos, desiertos, prados enormes, donde no alcanza la vista a ver el final. Si naces en un lugar o en otro, estás limitado y condicionado por la cultura, religión y economía de dicho lugar. Pero siempre puedes emigrar, cambiar de lugar y de creencias. Somos libres para actuar. Los que vivimos en el denominado primer mundo, somos realmente afortunados. Sólo depende de tu actitud a la hora de afrontar las situaciones. Si eres consciente de esto, podrás enfocarte en lo que ya posees, tanto en lo material como en lo emocional y verás lo maravilloso que es vivir. Agradece el simple hecho de estar vivo y poder tomarte tu desayuno cada mañana.

Tenemos la opción de vivir como queremos, por eso, se me hace extraño que haya gente que no lo haga. Tenemos lo que queremos. Estamos aquí de paso y para ser felices. Si viviéramos en una dictadura, desearían tener libertad de movimiento y pensamiento, sin embargo vivimos en una democracia y no actúan. No viven como quieren, sino, como les dicen. Adquiriendo obligaciones innecesarias y formas de pensar y actuar ajenas. Ten una cosa muy presente, cuando alguien te venga con sus problemas, recuerda que son suyos, no tuyos. Está muy bien ayudar a los demás, pero en cuanto empiece a afectarte lo más mínimo, aléjate.

Hay una ley universal muy curiosa, denominada: dar para recibir.

Dar para recibir: si quieres recibir también tienes que dar, pero no a cualquier precio, si no tienes no des. Si puedes ayudar, perfecto, hazlo. Pero si no puedes, no lo hagas. El simple hecho de ser consciente de que quieres ayudar pero no tienes con qué hacerlo ya es suficiente para que recibas. Esta ley no es tan exacta como un boomerang, no te la tomes tan al pie de la letra. Igualmente, sólo tienes que dar si te apetece, no es una obligación. Sueles recibir la mitad de lo que das y no siempre es así. Es una estadística y todos sabemos que es la ciencia menos exacta que existe. Si tú tienes dos coches y yo ninguno, según la estadística tenemos uno cada uno. Peor aún, tú ganas 3.000€ y yo 1.000€, como entre los dos ganamos 4.000€, la estadística dice que ganamos 2.000€ cada uno.

<u>Pero no está de más dar un poco de vez en cuando, aunque sólo sea para ver si la ley funciona.</u>

Nadie viene y te dice: - Oye, estoy contento, te invito a comer, tomar algo o simplemente, te busca para informarte de que está bien. Ocurre lo contrario, te dice: - Oye, estoy mal, préstame dinero, te buscan para contarte sus penas y luego se van tan tranquilos y tú, te has comido sus problemas y los haces tuyos, con el malestar que eso conlleva.

Mucha gente me ha intentado convencer de que al mundo sólo se viene a sufrir, los compadezco pero los entiendo. Están encerrados en una celda mental, viven bajo lo que en psicología se denomina *"INDEFENSIÓN APRENDIDA"*. Lo pongo en mayúsculas para que veas su importancia, puede condicionarte de por vida.

Indefensión aprendida: se refiere a la condición de una persona después de haber aprendido pasivamente ciertas creencias, convenciéndose de que no puede hacer nada por cambiar la situación.

Tu ambiente, va desde tu familia hasta el vecino al que apenas saludas, pueden crearte una indefensión aprendida. Te pueden hundir con su negatividad a base de escucharlos e interactuar con ellos. Cada vez que quieras hacer algo diferente te lo van a impedir con sus comentarios. A la larga creerás que no puedes hacer nada por cambiar esa situación y te resignarás.

Te pongo dos ejemplos para que veas cómo puede condicionarte tu ambiente:

Buscar empleo: Diego es un chico que está buscando trabajo y cada vez que tiene una entrevista le vienen a la mente las críticas que recibe de sus padres y amigos. Le dicen que no está preparado para esos puestos, son de demasiada responsabilidad para él.

El hecho de ceder y no acudir, le produce malestar, pues le hace mucha ilusión. Se ha resignado a buscar trabajo. Ha aprendido que aunque lo encuentre, el día de la entrevista, no irá. Lleva en el paro ya 2 años, pero ha abandonado la idea de buscar más, es incapaz de buscar otra solución y analizar por qué se deja influenciar por los demás. Ha aceptado la creencia de que no es lo suficiente bueno para esos puestos.

El pastelero: había un pastelero en una aldea que estaba muy triste, o vendía más pasteles o tendría que cerrar el negocio. La gran mayoría de los habitantes le decían que sus pasteles estaban muy dulces y les creaban malestar, por eso no los compraban. Un día decide presentarse al concurso nacional de pastelería de la región y para su sorpresa, lo gana. La junta directiva del concurso le premia regalándole dos pastelerías más, las puede ubicar en cualquier aldea de la región. El pobre hombre renuncia a ellas alegando que ha tenido suerte, reconoce que es un mal pastelero ya que en su aldea tiene una y está a punto de quebrar. Le preguntan en qué aldea la tiene y responde que en la última de la región.
La directiva rompe a reír a carcajadas. ¿De qué os reís? - les pregunta el pobre hombre, sorprendido. - Que en esa aldea la gran mayoría son diabéticos y tienen prohibido comer dulce, le responden.

<u>No dejes que te juzgue cualquiera. Antes de sentirte mal por ello, analiza el ambiente que te rodea.</u>

Nadie puede decir que no vales, ni siquiera tú mismo. Quizás no seas bueno en alguna faceta pero dudo mucho que no destaques en alguna. Todos somos buenos en algo, *¡búscalo!*

No sabes si te están juzgando por tu bien o por el contrario, lo hacen por envidia y quieren lastimarte. Como me interesaban los productos bancarios, decidí hacerme un experto en ellos, leía revistas, diarios y libros. Veía vídeos sobre economía en internet y acudí a varios seminarios para acabar convirtiéndome en el experto que soy ahora. Le saqué todo el jugo posible a internet, tenemos información valiosa al alcance de nuestras manos y gratis. De ahí la importancia de las inteligencias emocional y financiera. Si no las tienes, esta información te pasa desapercibida, es como escuchar una canción en un idioma extranjero, te gusta pero no tienes ni idea de lo que significa la letra.

Dejé de ir al banco sólo para informarme del estado de mi cuenta y empecé a informarme sobre dichos productos. Preguntaba sobre cualquier tema relacionado con ellos y si alguna cosa no me quedaba clara, insistía hasta que la entendía. El banco y las agencias de seguros, son como el bar, tienes que ir con calma y sin prisas. Igual que quieres que el almuerzo te siente bien, las inversiones y los seguros que contrates, también quieres que te respondan igual de bien.

Ya que he mencionado las agencias de seguros, son otra forma de inversión, no para ganar dinero pero te permiten gastar menos, que viene a ser casi lo mismo. Contraté un seguro privado para que me cubriera la parte que no cubre el seguro social. En aquel momento mi único ingreso era mi nómina, si enfermaba y no podía trabajar, ese mes iba a cobrar menos y no me lo podía permitir. Aunque la cuota mensual o anual parezca elevada, en realidad no lo es, cuando vas al médico, al dentista, al hospital, etc., la factura suele ser elevada y teniendo ese seguro, se compensa el gasto, te lo equilibra. Ten cubiertas tus necesidades médicas y no escatimes en ellas.

"Un organismo enfermo no es productivo ni rentable"

¿Sabes lo único que envidia una persona de un país pobre a otra de un país rico? su sanidad. En los países ricos, todos tenemos acceso a ella. Esto lo pude comprobar cuando estuve en la India, en Nueva Delhi. Allí conocí a **Aryam.**

Desayunaba a diario en su puesto ambulante. A base de verme por ahí, entablamos amistad y me contó un poco su vida. Había vivido y trabajado en Barcelona durante 15 años. Ahorrando e invirtiendo, reunió algo de dinero y regresó a su ciudad natal. Montó este puesto y vive de él. Vive como quiere.

Unas observaciones que hizo me dieron qué pensar:

- ¿Cómo puede ser que en Europa, teniendo acceso a la sanidad pública, haya gente con los dientes podridos o peor aún, que no tenga? También, la gente sufre de depresión y ansiedad a unos niveles muy elevados.
- En relación a la primera pregunta, es por dos motivos le contesté, o porque tienen problemas con las encías y eso hace que se les pudran o porque prefieren gastarse el dinero en objetos materiales, para aparentar lo que no son. Pero ese es un tema que trataré más adelante: las apariencias.

En cuanto a la segunda, es un tema más delicado. Nuestra sociedad nos incita a entrar en un círculo vicioso muy peligroso y contagioso, quieren infundirnos una felicidad artificial.

"Soy feliz con lo que me venden y no, con lo que soy"

En contrapartida, cuando ya tienes dicho objeto y crees que eres feliz, sacan otro nuevo y te hacen creer nuevamente que ya no lo eres, a no ser que lo adquieras. Es el pez que se muerda la cola.

En los países pobres, la gente lucha por sobrevivir, con lo cual, tiene otros valores sociales y no tiene tiempo para trastornos mentales como estos. Son conscientes de que no tienen el mañana asegurado, entonces viven el presente. En los más avanzados, como ya tenemos nuestras necesidades básicas cubiertas, buscamos llenar el tiempo que nos sobra. Se cree tener el mañana asegurado. Como hoy estoy vivo ¿por qué no mañana también?

Cuando la gente tiene tiempo y no lo aprovecha para hacer algo productivo, se aburre. Empieza a preocuparse por cosas que no tienen importancia, a darle vueltas a la cabeza y acaba deseando lo que no tiene y añorando lo que ha perdido. Ya que he menciona el mañana, sigo con la muerte.

La muerte: es ineludible, nos recuerda que estamos vivos. Habría que pensar un poco más en ella, pero de forma positiva. Es una carrera contracorriente, en contra de la vida. Si sabes que te vas a morir ¿por qué no haces lo que te hace feliz? Si es por el qué dirán, te recuerdo que en la tumba o en la incineradora vas a estar tú, no los demás. Nadie tiene el derecho ni la autoridad para juzgarte. Sólo la justicia puede hacerlo y la hemos creado nosotros. Para tener unas pautas de comportamiento aceptables. Mientras no te salgas de ellas, haz lo que quieras.

Hablando de justicia, me ha venido a la mente el caso de Marta, una chica que conocí en Tempere, es una bonita ciudad de Finlandia. Era la hija del comisario de la ciudad. Tenía un tremendo complejo físico, sufría de sobre peso, por culpa de la tiroides.

Marta: tenía 23 años. En verano, todos sus amigos se iban a la piscina y sin embargo ella, se quedaba en la terraza del bar, mirando como los demás se bañaban y se lo pasaban en grande. Nos conocimos en ese mismo bar, le pregunté cómo es no se bañaba con sus amigos y me contestó que no le gustaba ir en traje de baño. Hablando más detenidamente, me percaté que su problema real, era que le preocupaba lo que podían pensar los demás de su cuerpo. Como era una ciudad que me gustó mucho permanecí en ella 5 semanas. Decidí ayudarla con sus creencias irracionales y pensamientos negativos sobre ella misma. A base de hacerle preguntas de por qué era tan importante para ella la opinión de los demás y una buena terapia cognitivo conductual, logró bañarse sin más temores. Se involucró mucho y avanzó a un ritmo fulgurante.

Cuando te planteas realmente la posibilidad de morir, muchos problemas que tienes, dejan de ser tan importantes. También, sin llegar a ese extremo, hay que preguntarse:

- ¿Que nos aporta la opinión de los demás? sea buena o mala.
- Si hacemos caso a esa opinión ¿nos sentiremos mejor?
- A quién hacer caso ¿a los que nos juzgan mal o a los que nos quieren bien?

Esta tercera pregunta es la más importante de entre ellas. ¿Por qué siempre se hace caso al que nos quiere el mal y no, al que nos quiere el bien?

Reflexiona sobre ella y recuerda que si la justicia no te lo prohíbe, es que puedes hacerlo. *¡Hazlo!*

Sólo puede importarte lo que piensen de ti, tus jefes y familia directa (pareja y/o hijos). Los primeros, porque te condicionan económicamente y los segundos, emocionalmente. Estos dos grupos son tu bienestar económico y social. Mientras estés bien con ellos, todo te irá genial. ¿Sabes qué hace que el mundo no pare? Estos dos grupos. El dinero y el amor, que sumados dan el poder. Con lo cual, si tienes inteligencia financiera y emocional, no serás tan vulnerable.

Retomando el tema de la muerte, todos conocemos gente que ha perdido algún ser querido o nosotros mismos los hemos perdido. Cuando se muere algún ser querido, se tiende a pensar que la vida es una porquería, sólo se sufre y que son dos días, por eso hay que disfrutarla. Pero al poco tiempo se olvida y se vuelve a la misma rutina. Las personas se mueren para enseñarnos a los que estamos vivos que hay que vivir como lo sentimos y no como nos dejan. La muerte está para que vivas. En vez de enfocarte en la parte negativa, que es la ausencia de esa persona que tanto quieres, enfócate en el mensaje que te ha dejado. Actúa y vive como quieres. Si eres creyente, genial, estará con tu dios. El único inconveniente es la ausencia que ha dejado. Es más, tu dios te está poniendo a prueba, porque dudo mucho que vaya en tu contra, sabe que lo adoras y quiere ayudarte. Lo que quiere, es que uses tu actitud para vivir como quieres. Para eso te ha dotado de capacidad de elección y emociones. Con estas dos capacidades, se forma tu actitud, sea bueno o malo, tu decides. Dios no quiere ni tanto lamento ni tanta resignación. Reza como si todo dependiera de él, pero trabaja como si todo dependiera de ti. Estás aquí de paso, sácate de la cabeza que eres inmortal y que sólo se mueren los demás. Si no eres creyente, también es genial. Refuerza tus teorías, cualesquiera que sean. Como he mencionado anteriormente, tienes las capacidades necesarias para vivir como quieres.

El mensaje es el mismo: aprovecha el tiempo que te queda. Mientras estés vivo, todo es posible. Desprograma todas tus ideas irracionales y vuelve a empezar de cero. Es más fácil de lo que parece, vuelve a leer más atrás y recuerda las cuatro leyes de la naturaleza. Síguelas al pie de la letra.

Cuando tengas un problema tan grande que no te deja vivir en paz, míralo desde afuera, imagínate que eres otra persona y te estás viendo. ¿Qué te dirías? ¿Qué consejos te darías para superar ese mal trago?

Seguro que cuando un amigo o familiar ha perdido un ser querido, le has dado alguno que otro y te sentías bien cuando veías que te hacía caso y mejoraba su estado anímico. Parece mentira, pero los problemas desde afuera se ven diferentes, cogen otra perspectiva. Son más objetivos. Cualquier problema que tengas, es subjetivo. Haz que se convierta en realidad, hazlo objetivo y verás que no es tan grave. La mayoría de preocupaciones que tenemos, no llegan a suceder. Cuando las haces reales, encuentras la solución. Si sólo divagas, diciéndote haría esto o lo otro, no vas a parar de pensar y de darle vueltas al asunto. Por el contrario, cuando las haces reales y las tienes en frente, actuarás para superar ese malestar. Pero si aún así no lo superas, imagínate la peor situación ¿qué puede pasar? a partir de ahí ya encontrarás la solución. De vez en cuando hay que ir a dar un paseo por el cementerio y buscar fotos de personas de nuestra misma edad. Mirarlas fijamente y darnos cuenta que ellas ya no están en este mundo y no pueden hacer nada. Sin embargo nosotros seguimos aquí. Seamos felices y hagamos lo que realmente nos gusta. Mañana, quizás seas tú el de la foto y yo, el que te esté mirando. Después, básicamente, la depresión es pensar demasiado en el pasado y la ansiedad, demasiado en el futuro.

A partir de aquí se podría profundizar más en el tema pero no lo haré, ya hay muchos libros y documentales especializados en ellos.

Haz esta prueba: pásate una semana pensando en lo mal que te va la vida, no te hablas con tu familia, estás mal en el trabajo y cuando llegas a casa, te sientes solo/a. Verás cómo acabas. *¡Triste y melancólico/a!*

Ahora haz esta otra: piensa en exceso, en cualquier problema que tengas, ¿qué harás mañana y pasado mañana? Cuando estés en la cama, en vez de dormir, sigue pensando en ello y ya verás como acabas. *¡Angustiado/a!*

Matizo un poco sobre la ansiedad, también se debe a que tenemos más opciones de elección. El abanico es tan amplio y tienes tantas posibilidades que empiezas a dudar. No sabes cuál escoger.

- Me ha gustado todo lo que me has contado, pero todavía tengo mis dudas. La vida que llevo no está tan mal y no sé si me merece ese riesgo. Creo que no voy a invertir y me conformaré con la que llevo. Como bien has dicho, soy feliz. Además, tengo una hija y no dispongo de tanto tiempo como tú.

- Déjame que te diga una cosa. Estas dos excusas son las favoritas de la gente que no queréis esforzaros en conseguir vuestros sueños. Te recuerdo que el día tiene 24h para todos, has sido hijo antes que padre y soltero antes de tener pareja. Nos conocemos de toda la vida y siempre has dado la misma excusa. No tengo tiempo, pero sí lo tenías para irte de fiesta y los fines de semana, dormir hasta el medio día. Esta excusa no es muy real. Es como tener un vehículo y no hacerle sus revisiones pertinentes por no perder tiempo.

Pero cuando te sacaste el carnet de conducir ¿tenías tiempo? Dabas la misma excusa, no tengo tiempo. Pero una vez quisiste sacártelo, te organizaste y lo obtuviste. Estudiaste y aprobaste los exámenes ¿verdad?

Todo depende de tus preferencias, de lo que quieras conseguir en ese momento. Esta excusa es la mejor para decir: no tengo ganas. Asimismo, la de tengo un/a hijo/a, también está muy bien para justificar cualquier acto que requiera esfuerzo. Mejor dime: no tengo ganas de complicarme la vida y estar buscando otras fuentes de ingresos.

Te voy a contar una última historia para que veas que no tienes razón en cuanto a la falta de tiempo y que por el hecho de tener una hija, no puedas hacer nada.

Laura: es madre soltera y es mi vecina. Tiene 32 años y una hija de 8. Cuando la niña tenía 3 años de edad, su marido murió de cáncer. Imagínate el panorama, con 27 años y una hija de 3. Trabajaba en una cafetería y ganaba el sueldo base. Se informó de las ayudas que concedía el estado para esas situaciones y gracias a ellas pudo salir adelante. Transcurridos 8 meses vio que eso no era vida, con su sueldo no tenía para caprichos ni poder comprar nada que no fuera lo indispensable para sobrevivir.

Era feliz pero quería una mejor calidad de vida. Conocía de sobras mis teorías sobre la economía y la felicidad pero nunca las llevó a la práctica. En cambio, su marido sí llevó algunas, como la de ahorrar cada mes el 20% de sus ingresos. Gracias a ese ahorro, disponía de 17.000 € en su cuenta bancaria. Le pidió un aumento salarial a su jefe y este se lo denegó. Entonces, le preguntó cómo podía hacer para ganar más dinero sin tener que hacer más horas extras, ya trabajaba 10 horas diarias y con un solo día libre a la semana, también quería disponer de tiempo para estar con su hija.

No le gustaba la idea de dejar el empleo porque era una empresa seria, estaba cerca de su casa y tenía buenas compañeras. La respuesta del jefe fue que tenía una vacante en el puesto de auxiliar de contable, y si se preparaba en dicho campo, se lo concedería, era buena trabajadora y la apreciaba, le quería dar una oportunidad. El problema estaba en que no le alcanzaba para pagar una academia de contabilidad. Las cuotas mensuales eran de 100€. Sabía que si hacía uso del dinero de la cuenta bancaria, en poco tiempo no tendría nada. Porque una vez empiezas a sacar, no paras.

Acudió a mí para que le enseñara inteligencia emocional y financiera y poder conseguir así pagarse los estudios. Accedí encantado, tras diez meses de meticuloso estudio, adquirió lo básico y necesario para entrar en el mundo de las finanzas. Invirtió 16.000 € en un producto que le reportaba un 9% anual. Que vienen siendo 1.440 € al año y divididos por 12 meses, hacen 120 € al mes. Ahora ya tenía para costearse la academia. Después de un año estudiando, obtuvo un certificado que la acreditaba como auxiliar y accedió al puesto que le ofrecía su jefe. Gracias a su actitud de acero y a las ganas de superación, consiguió salir adelante y lleva la vida que quiere.

> Cuando tu mundo se derrumba por completo, sólo te quedan dos opciones: resignarte o luchar.

Mientras todo le fue bien no le hizo falta ni ganar más ni cambiar de oficio. El marido ganaba bien, tenía los fines de semana libres y podía quedarse con la hija. A raíz de su muerte tuvo que espabilarse. Ahora trabaja 8 horas diarias, tiene los fines de semana libres, para estar con su hija y ha incrementado su nómina. Hizo de su adversidad una oportunidad para mejorar.

Hubiera sido más fácil quedarse en esa situación, quejándose de sus desgracias y echándole la culpa a la mala suerte y a su jefe por no subirle el sueldo. Dedicó tiempo, dinero y esfuerzo para su preparación intelectual, emocional y financiera. Ahora está saboreando lo que ha cosechado. Supo hacer de una mala situación, una buena ocasión. Todos podemos llevar la vida que queremos, sólo que no todos están dispuestos a hacer lo que se requiere.

Cuando te gusta trabajar, no importa el trabajo que tengas. Lo harás siempre bien y con ganas.

Pero si no quieres invertir, me parece perfecto. Si no vas a quejarte y asumes las consecuencias, es una opción bien respetable y me alegro por tu decisión. Sois muchísimos los que lo hacéis. Os quedáis en una vida cómoda, renunciando a la que deseáis por miedo al esfuerzo. Después os autodisculpáis con vosotros mismos, pensando: lo haré más adelante, cuando tenga tiempo. Cuando mi hijo/a sea mayor y tenga menos gastos, cuando gane más, cuando me jubile, etc. Sabiendo que no es cierto, simplemente son excusas. Lo mejor de todo, son los consejos que les dais a los demás: vive a tope, que la vida son días. No dejes para mañana, lo que puedas hacer hoy y otros muchos más por el estilo.

¿Sabes que es el IPC?

- ¡Pues claro! es el aumento anual del coste de la vida.

- Déjame que te explique cómo tu vida se empobrece año tras año sin que te des cuenta. Llevamos siete años sin aumento salarial, sin contar con los recortes y sin embargo, el IPC no para de subir. Pagamos más por nuestra vivienda, los seguros, la comida, el transporte, etc. Calcula lo que sube tu vida anualmente y te asustarás.

- No es para tanto, ahora lo calculo: mis gastos pasivos mensuales ascienden a 950 €, si les sumo el IPC, que este año ha sido de un 2%, me salen 950x2% = 19 € mensuales.

Al cabo del año son 19x12= 228 €. Pues sí, es bastante. Equivale a la cuota anual del seguro de mi vehículo.

- Viendo esto, ¿no quieres invertir, aunque sólo sea para recuperar el IPC? Si tienes mucha aversión al riesgo, hay muchos productos seguros.

Un consejo que te quiero dar: ten disponibles en tu cuenta corriente por lo menos los gastos pasivos de 5 meses. La razón es muy simple. Si te quedas hoy mismo sin trabajo, por lo menos tendrás un tiempo para buscar uno que te guste. Si no tienes nada ahorrado, te conformarás con el primero que aparezca.

Hasta aquí he hablado sobre las inversiones y para qué hacerlas. Si vas a invertir, ten en cuenta que nadie te va a dar euros por céntimos.

Anteriormente ya he mencionado los productos financieros que mejor rendimiento ofrecen. No quieras invertir en depósitos y obtener la rentabilidad de las acciones. Si en algún momento dudas, llévate el contrato y se lo entregas a un profesional del sector para que te asesore. No firmes ningún contrato sin leer la letra pequeña y si no lo tienes claro, tampoco. *¡No te urge!*

Cuando compras un vehículo de ocasión, se lo llevas a tu mecánico de confianza para que te dé su opinión ¿verdad? Pues eso vale para cualquier inversión que hagas.

Si te compras una vivienda, mejor que te acompañe un profesional del sector y te asesore sobre el estado de la misma y del inmueble. Todos tenemos un amigo o conocido que se dedica a la construcción.

Mejor pagarle una minuta a un profesional, que arrepentirte toda tu vida por una mala inversión.

Si vas a hipotecarte, antes de nada, estudia el mercado e infórmate del precio medio de la zona donde quieres comprar. En cuanto lo sepas, tu objetivo será conseguir un 20% de descuento. Empieza ofreciendo un 40% menos y a base de negociar, llegarás hasta tu 20%. Seguramente al principio el vendedor/a se sentirá ofendido por tu oferta, pero se acostumbrará y querrá negociar. El/ella quiere vender y tú quieres comprar.

En los negocios como en la vida, sólo obtendrás lo que no pidas

¿Por qué cuando vas al mercado de tu ciudad o pueblo regateas el precio y en el resto de compras no lo haces?

Pide descuentos en los supermercados, o por lo menos, pregunta si hay alguno. Consigue todas las tarjetas descuento que estos te ofrecen. Muchas veces cuando compras un electrodoméstico, este lleva un descuento. Pero si no lo pides, el vendedor/a no te lo aplicará. Este consejo te vale para cualquier compra que hagas: en tu aseguradora, en tu compañía de teléfonos, en los intereses de tus inversiones bancarias, en todo lo relativo al dinero. Sobre todo, no te confundas, no estás rogando nada. Simplemente estás trabajando en la denominada ley "oferta/demanda".

En esta primera parte he hablado de cómo hacer para vivir como quieres, ahora voy a hablar de las apariencias. Vivir como quisieras vivir, intentando saborear esos placeres que no tienes en tu vida. La diferencia exterior entre ambas no existe, pero interiormente, es abismal. No es lo mismo llegar a tu casa y seguir con la misma rutina a tener que sacarte la máscara y asumir tus frustraciones. Igualmente, de estar pensando sin cesar en la posibilidad de ser descubierto.

Segunda Parte

Llevo la vida que quisiera (Las Apariencias).

Sabrás ¿para qué y por qué se aparenta?

La respuesta del ¿para qué? - es bien sencilla. Se hace para obtener alguna satisfacción. La respuesta del ¿por qué? - ya es más delicada.

Aquí entran en juego las frustraciones, miedos y deseos no satisfechos. Las ganas de satisfacerlos es la motivación que empuja a la acción.

Las apariencias: el carnaval dura apenas unos días por lo mismo. Si durara más sería perjudicial para la sociedad, nadie es quien dice ser, es su motivo de existir. Durante unos días puedes evadirte de tus problemas y vivir siendo quien deseas ser. Nadie va a juzgarte, son días de apariencias. El aparentar es con frecuencia una forma de buscar ser destacado por lo superficial. Se elige una máscara para engañar a los demás y al final, se la cree uno mismo. Se prefiere estar en modo *Parecer*, antes que en modo *Ser*. Este último requiere tener.

Primero hay que tener para ser, si tienes clase, serás elegante. Si tienes carisma, serás empático y agradable. Si tienes dinero, serás rico, no a la inversa. De ahí las frustraciones del modo parecer, están vacías de contenido, todo es fachada. Es la necesidad de pertenecer a un grupo o estereotipo para formar o mantener un mínimo de relaciones interpersonales. La privación de estas relaciones puede ser causa de graves trastornos psicológicos. El problema es que no es real, sino, imaginario. Es una necesidad autoimpuesta y como tal, no tiene vía de escape. En cualquier necesidad básica, una vez cubierta, el organismo se relaja y sigue trabajando.

Vía de escape: mecanismo para poder desahogarte. Imagínate que estás en un atasco y llegas tarde al trabajo, te enfureces y claxonas, pues el hecho de claxonar te relaja. Es tu vía de escape. Aquí ya entraríamos en la adquisición de técnicas de relajación para no claxonar y relajarte de otra forma. Cualquier necesidad básica que nos surja, tiene esta vía. De ahí la importancia de satisfacerlas. Si se descuidan, el organismo enferma. Aparecen la ansiedad y la depresión.

El problema real de aparentar lo que no somos, es que llega un momento en que el organismo se lo cree y convierte las deficiencias de esa necesidad en los mismos síntomas que las reales. La persona enferma si no las cubre. Mayoritariamente por ansiedad, por miedo a ser descubierta y ser realmente como es.

Estereotipos: imágenes en nuestra mente que reflejan nuestras tendencias a pensar que las personas o cosas que pertenecen a la misma categoría comparten características similares.

Cuando queremos juzgar a alguien o intentamos sacar información a simple vista, usamos los estereotipos. Nos hacen la vida más sencilla y facilitan nuestra realidad, posibilitando la interacción. Generalmente es errónea pues se tiende a meter a todos en el mismo saco, los encasillamos en algún grupo que tengamos en la mente.

Persona con traje: nos viene a la mente banquero, empresario, abogado pero nunca carnicero, albañil o repartidor. En vez de preguntar, suponemos. Creemos que todos pensamos igual. Como yo creo que si voy de traje me veo como un banquero, los otros pensarán igual que yo. Con lo cual, si quiero que me vean como un banquero, iré de traje. Ahí empiezan los problemas, el error de nuestras creencias. *"tanto racionales como irracionales"*

Otro malestar relacionado con las suposiciones es cuando le hacemos un favor a alguien y no nos lo devuelve. Suponemos que nos lo devolverá, por el simple hecho de que nosotros lo haríamos. Pero no tiene porqué ser así, los favores se hacen por placer. Si no vas a disfrutar, no es un favor, es una obligación. Con lo cual para la otra persona, devolverte el favor, puede ser una obligación y por eso no lo hace. Si quieres que te lo devuelvan, pregunta.

Vivir de apariencias, es no vivir tu propia vida.

Se aparenta por dos motivos:

1- Para conseguir un objetivo limitado en el tiempo, como pueden ser un trabajo o un ligue.

2- Como estilo de vida, por sentirse frustrado.

Seguramente en tu ambiente conoces a alguien o tú mismo, eres uno de ellos. No te conozco querido lector/a. Si es tu caso y quieres cambiar, estás de suerte. Te dejo unas pautas de comportamiento para que entiendas por qué lo haces y así puedas cambiar, si lo deseas. En el primer motivo, la motivación que empuja a actuar es conseguir el objetivo deseado, es el más común de entre nosotros. Impresionar a nuestros futuros jefes para que nos contraten o a esa persona que nos gusta. Una vez conseguido, nos relajamos y nos mostramos tal cual somos realmente, no tiene sentido seguir con la farsa.

El segundo motivo ya es perjudicial. No hay nada mejor que estar rodeado de gente con la que podamos ser nosotros mismos. Enseñando cómo somos realmente y que nos acepten sin condiciones. Ser lo que no somos y gustar a ciertas personas, es vivir para ellos. Por mucho que engañemos a la gente, no nos podemos engañar a nosotros mismos y la incomodidad interior aparecerá por mucho que nos acepten los demás. Estamos aquí para ser felices y no para complacer a los demás. Lo realmente importante es saber que nadie es mejor que nosotros, tenga la fortuna o el trabajo que sea. Cada uno de nosotros somos un valor añadido a la sociedad. La importancia que le puedas dar a cualquier objeto o situación, emocional o material va a depender siempre del momento, situación y lugar en que te encuentres. En la vida nada es fijo, todo va cambiando.

La base de la felicidad es hacer lo que quieres. Por consiguiente, si aparentas, deberías ser feliz. Se supone que actúas por placer, haces lo que quieres. Lamentablemente no siempre es así, a veces es por envidia. Es la peor forma, entras en un mundo lleno de frustraciones. Pero es una envidia antinatural, envidias una forma de vida social, no a una persona en concreto. Todos sentimos envidia en algún momento de nuestra vida, pero es que en su justa medida es buena. Nos sirve de motivación para alcanzar lo mismo que tiene el vecino, pero sin quitárselo ni menospreciarlo. Nos hará pensar ¿qué puedo hacer para llegar a donde ha llegado él?

En el caso de la persona que aparenta es más delicado, envidia a un estereotipo, lo cual ya es algo subjetivo. Ser millonario no es lo mismo para todos, ni tampoco ser famoso, escritor reconocido, futbolista, hombre de negocios con éxito o actor. Peor aún, todos conocemos a gente adinerada y humilde y no van por ahí enseñando su potencial económico. En este aspecto ya entran en juego las llamadas ideas irracionales: todo debería ser así, debo ir a esa fiesta aunque no quiera, no puedo cambiar de opinión aunque tenga ganas, todos me han de querer, la gente debe confiar en los más fuertes, hay que cuidar al prójimo, vales lo que tienes, la gente te quiere por interés, etc. Son ideas sin base racional, se basan en unas creencias que tenemos desde pequeños y nos aferramos a ellas para predecir los hechos. Se asocian ideas con sucesos.

Ejemplo: suena el teléfono a altas horas de la madrugada y ya te viene a la mente alguna tragedia.

Siguiendo con las apariencias, entra en conflicto el yo real con el yo ideal. Es la diferencia entre lo que somos y lo que nos gustaría ser. Cuanta más distancia haya entre ambos, más se querrá aparentar.

Yo real: como nos vemos a nosotros mismo. Nuestra autopercepción. Sobre todo nos fijamos en las carencias que tenemos y nada en las virtudes, estas se las dejamos a los demás.

Yo ideal: incluye todas nuestras aspiraciones: ser rico/a, famoso/a, alto/a, bajo/a, guapo/a, atleta, musculoso/a, inteligente, exitoso/a, etc....

Soy rico/a entonces soy guapo/a y como tal me querrán. Soy famoso/a y saldré en los medios de comunicación y me haré millonario/a. El miedo a no gustar a los demás o a que me rechacen hace que me comporte de una manera diferente a como soy en realidad. Creo que si me comporto como los demás esperan de mí, gustaré más, seré más popular, conseguiré más cosas, etc. Demuestra un grado bastante alto de superficialidad, falta de identidad y de autoestima. Es un profundo signo de insatisfacción respecto a uno mismo, lo que implica pérdida de la propia identidad. Desconoces quién eres y qué quieres en la vida. Es una distorsión de la realidad. Una cosa es lo que quieres que sea y otra, lo que es realmente. No por ser rico, serás guapo/a ni simpático, pero si esa es tu realidad, es lo que buscarás. Esta persona tiene un gran sentimiento de inferioridad y baja autoestima. Constantemente se autocritica, igualmente, es envidiosa, avara y vaga.

Es envidiosa porque anhela la vida de los otros y se siente desdichada con la suya propia, no valora lo que tiene. Es avariciosa porque se siente vacía y debe llenar ese espacio, en su afán por llevar esa forma de vida acumula muchas deudas. Es vaga porque quiere llevar la vida de los demás pero sin el esfuerzo que supone, quiere otra forma de vida que no sea la suya porque tiene una baja autoestima y cree que así será feliz, sin percatarse que la felicidad se lleva dentro de uno mismo. El estereotipo que se ha formado es su ideal de vida.

Baja autoestima: la persona se siente sola o rechazada y se inventa un personaje social con esas características que anhela y cree que no va a ser rechazada. Viendo el éxito de la otra persona cree que si ella es igual, también va a atraer la fortuna y el bienestar que esta atrae. Quiere de manera forzada pertenecer a determinado grupo, haciendo todo lo posible en parecerse a los miembros del mismo, para ser aceptada. Incluso en ocasiones la persona envidiosa tiene un status social más elevado que la envidiada o más posesiones materiales. Con esto queda demostrado que tanto los halagos recibidos como las posesiones materiales, si no se tiene una buena autoestima, no sirven de nada.

Te dejo unas pautas de comportamiento para subirla:

- No te compares con nadie, (no eres ni mejor, ni peor).
- Recuerda los momentos alegres de tu día a día.
- Haz ejercicio, (3-5 veces por semana).
- No te tomes nada personal, no eres tan importante. Camina derecho y a paso firme y cuando le estreches la mano a alguien, hazlo con contundencia *"fuerte y corto"*.

El hecho de andar firme y estrechar la mano con fuerza, demuestra seguridad, con lo cual reflejas seguridad en ti mismo. La gente ve lo que reflejas. Si tienes baja autoestima, prueba estas pautas durante 21 días y te aseguro que la subes. Ahora, no pares a la semana, diciendo que no funcionan. Sería como decir que estás estudiando un idioma extranjero y a la semana lo dejas porque no lo hablas. A los 21 días, construyes un hábito y a los 3 meses, una costumbre. (Tu nueva forma de pensar y percibir los acontecimientos diarios).

La felicidad no se consigue con lo que tienes, sino, sacándole provecho a aquello que tienes.

Por muchos objetos que acumules, si no los disfrutas, no sirven de nada. Gasta más dinero en experiencias emocionales y menos en objetos materiales. Con el tiempo los objetos pierden valor, en cambio las experiencias emocionales, lo ganan (piensa en tu infancia, sea buena o mala). Creas tu personalidad con estas últimas. No olvides que eres, lo que vas viviendo en tu presente.

¿Qué quieres padecer, depresión, ansiedad o ninguna de las dos?
Es como el albañil que va a trabajar de traje, pensando que cuando lo vean pasar por el barrio, van a pensar de él que es un tipo con clase. Cuando en realidad, la clase se lleva por dentro. Al mismo tiempo, mucha gente que va con traje quisiera ir sin él, pero por el trabajo que desempeñan han de llevarlo. En ningún momento piensan que eso les hace ser personas con clase, ni se lo plantean. Es el estereotipo que tiene la persona que aparenta. Antes de aparentar, pregúntate, ¿qué quieres conseguir?:

- su fortuna
- su fama
- sus amistades
- Su clase

Pero sobre todo pregúntate: ¿para qué?

La felicidad de la persona o estereotipo al cual intentas imitar está en su interior y se refleja en su exterior, no a la inversa.

Para sentirte bien contigo mismo necesitas que te hagan caso, te presten atención y estén por ti. Es tal el sentimiento de inferioridad y soledad que si no lo llenas fingiendo, no lo soportas. Es como el niño que se disfraza de superman pensando que así será invencible y atraerá a todas las chicas. Durante un tiempo se siente genial. Esto le pasa a la persona que aparenta. Mientras dura la farsa, se siente bien consigo misma, cree que los demás la ven como se ve a ella misma. Te pongo el ejemplo del político para que lo entiendas mejor:

El Político: son dos amigos que se presentan a las elecciones regionales. Para uno, ser político es robar, mentir y colocar a los amigos en cargos importantes. Sin embargo, para el otro es gobernar para el pueblo, para que tenga un bienestar saludable. Depende de quién gane las elecciones, el pueblo irá de una forma o de otra.

También pasa con las fuerzas del orden, te encontrarás con agentes muy simpáticos y agradables y sin embargo, otras veces con bordes, engreídos y prepotentes. Por lo mismo, para unos, ser agente significa comportarse educadamente con el ciudadano y ayudarle en todo lo posible, en cambio, para otros significa, ser represores y humillarle.

No lo hacen con maldad ni conscientemente porque luego, van por la calle sin el uniforme y son ciudadanos ejemplares, es el concepto que tienen del rol. Sólo se fijan en la fachada, en el exterior. Tienen la creencia de que todo lo demás viene solo, como un imán. El agente que se comporta dignamente tiene la creencia de que si trata bien a las personas, estas le responderán de igual modo y se pone en su lugar. A él también le gusta que lo traten correctamente.

El que se comporta de manera represora y humillante, tiene la creencia de que es la única manera de hacerse respetar. Cuando interactúan con él, no sabe responder de otra forma que no sea acatando órdenes. Suele tener un perfil de persona sumisa, obediente y no sabe decir que no, pues se ve incapaz de desafiar a nadie. En consecuencia, desplaza la hostilidad hacia otros, creyéndose superior a ellos.

Es una persona totalmente insegura y con el rol de la autoridad, se crece. Este ejemplo se puede extrapolar a cualquier figura de poder, se valora más el significado del estereotipo que a la persona. Observa y ve que la otra gente es feliz llevando esa vida, pero no se fija en cómo ha hecho para llegar hasta ahí y obtener ese resultado. En ocasiones sí lo sabe, pero no quiere hacer el esfuerzo necesario para conseguirlo. Para ser rico y mantener la fortuna o aumentarla hay que entender de economía e inversiones. Si sólo copia la fachada, el día que tenga que hablar de algún tema relacionado, lo van a desenmascarar. Busca el camino rápido al éxito y eso tiene un desgaste emocional destructivo. La depresión y la ansiedad van muy relacionadas con el quiero y no puedo. Tomar atajos no siempre es bueno y menos aún en adquirir cultura.

La gloria es un cúmulo de horas bien invertidas.

Los estereotipos son diferentes en cada país y cultura. Un ejemplo muy claro: **El joven de 20 años y su deportivo:** imagínate que se va a recorrer el mundo con su coche y te lo encuentras por cualquier ciudad europea, creerás que es un hijo de papá o un yupi. En cambio, si te lo encuentras en cualquier ciudad latinoamericana, pensarás que es un narcotraficante. Lo tratarás de manera diferente según en qué lugar te lo encuentres y él, se comportará de igual forma contigo. Nos comportamos según nos tratan, somos nuestro propio reflejo, actuamos según nuestras creencias.

Haz la prueba: hoy cuando salgas a la calle y te cruces con la gente, ni saludes ni sonrías, curiosamente, tampoco te van a sonreír ni a saludar. Estás reflejando tu malestar en tu comportamiento, cuando alguien te agrede o sonríe, lo hace según su estado emocional. Con lo cual, no tendría que afectarte lo más mínimo.
Es su problema si tiene un mal día. Si quieres que te sonrían y sean amables contigo, haz tú lo mismo con los demás. Proyecta alegría, armonía y felicidad. Pero no me mal interpretes, si te agraden, defiéndete. A lo que me refiero, es que una vez te hayas defendido, vuelvas a tu estado anterior de tranquilidad, no permitas que el mal humor de otra persona arruine tu paz interior y menos aún, tu día. Relativo a ser joven y con un deportivo, queda demostrado que no es para todos lo mismo, unos querrán verse como el narcotraficante más poderoso de su ciudad y otros, como el más rico.

Me viene a la mente un chico que conocí en Nueva York. Fui a un seminario de economía a Wall Street y coincidimos en la cafetería de enfrente. El chico había ganado un viaje de cinco días, con todos los gastos pagados.

El vecino envidioso: este chico trabajaba en el taller mecánico de su cuñado, se encargaba de recambiar las ruedas y se ganaba bien la vida pero envidiaba a su vecino, el cual siempre iba vestido con los trajes de última moda, conducía un Porsche y comía siempre fuera de casa. En lugar de preguntarle a qué se dedicaba para poder llevar ese tren de vida, empezó a copiarle. Se endeudó en un coche deportivo y llevó sus tarjetas de crédito al límite, comiendo en restaurantes de lujo y en frecuentar los mismos locales que este. En una ocasión coincidieron en un local nocturno y entablaron conversación, el vecino rico le preguntó a qué se dedicaba y este respondió que era mecánico, sorprendido le contesta:

- ¡Wow! debes ganar muy bien para tener un deportivo.
- Sí, la verdad es que soy el propietario y no me puedo quejar, y tú ¿a qué te dedicas?
- A nada, no trabajo, mis padres tienen negocios y vivimos de rentas. Me paso el día de aquí para allí. Me alegro mucho por tu
- negocio y espero que te siga yendo tan bien como hasta ahora, le vuelve a contestar mientras se sube en su flamante Porsche.

Si hubiera preguntado en vez de copiar, no estaría endeudado llevando una vida que no puede permitirse y mintiendo. Amigo mío, pregunta y no copies. Cuando sientas envidia por alguien, es mejor pasar vergüenza unos segundos por preguntar, que un malestar de varios días por no hacerlo. En el caso de este chico, pensaba que aparentando ser un yupi, iba a ligar más, estar mejor visto por el resto de la comunidad y ser aceptado en el círculo de amigos del vecino. Se sentía solo y necesitaba de compañía como fuera. Tenía la idea de que sus vecinos lo menospreciaban por llegar cada día a casa con la cara y las manos manchadas de grasa. Se sentía inferior a ellos sin ningún motivo real. Estaba acomplejado y **tenía baja autoestima**, se menospreciaba. Sentía que era menos que los demás y pensaba que era incapaz de hacer nada siendo él mismo. En el taller, sus compañeros se metían con él por ser muy torpe.

El trabajo lo tenía por necesidad, ni le gustaba ni le aportaba la vida deseada. Cuando acabó los estudios fue lo primero que encontró. De ahí la importancia de hacer lo que te gusta. Con la conducta de aparentar consiguió todo lo contrario, la comunidad se preguntaba si le había tocado la lotería o algo por el estilo. No entendían cómo con un sueldo de recambista de ruedas podía llevar tal ritmo de vida. Pero lo mejor de la historia es que sus vecinos lo respetaban mucho, aún llegando lleno de grasa, no manchaba ni las paredes ni el ascensor.

Para agradecerle el detalle de no ensuciar el inmueble le iban a preparar una fiesta sorpresa para su próximo cumpleaños.

Como ya he mencionado más arriba: suponemos en vez de preguntar. Si envidias a tu compañero de trabajo, pregúntale cómo ha hecho para llegar a ocupar ese dichoso puesto que a ti tanto te gustaría ocupar. Quizás su respuesta no te satisfaga mucho. Ha podido llegar por unas maneras de hacer que a ti no te gustan. Tienes unos valores y principios que no te los saltas por nada. También, ha podido llegar estudiando después del trabajo, mientras tú te vas al bar o al gimnasio, él se queda en casa o en una academia estudiando. Si te lo pones a pensar y le preguntas cómo ha llegado, a lo mejor a ti no te compensa tanto esfuerzo y desistes. Lo que sí es seguro, es que el sentimiento de envidia se desvanecerá, pues ya sabrás qué hacer para ocupar ese puesto. no ser, que seas de los que quieren el premio pero sin hacer el esfuerzo necesario, entonces estás condenado a la frustración y al malestar generalizado. Nada va a satisfacer tu sed de poseer lo que no puedes tener.

El envidioso no sabe lo que quiere hasta que se lo ve a otro.

Referente al comportamiento hacia los demás, expongo un efecto muy interesante, capaz de condicionar tu forma de actuar. Se denomina:

Profecía autocumplida o efecto Pigmalión: se produce cuando las personas mantienen unas expectativas sobre ti y alteras tu conducta y comportamiento de acuerdo a dichas expectativas.

Te lo explico de otra forma para que lo entiendas mejor: estás en clase y el profesor trata de inútiles y torpes siempre a los dos o tres del fondo. Estos alumnos acabaran comportándose como tal, para complacer al profesor. Adquirirán el rol de inútiles y torpes. Con este ejemplo quiero que entiendas, que si tus padres o amigos siempre te han tratado como el payaso y tonto o por el contario, como el más listo y el más seguro de sí mismo. Cada vez que los veas, delante de ellos te comportarás de igual modo. Lo perjudicial de este comportamiento es que se puede generalizar a cualquier situación. Te comportarás según esperan los demás de ti.

Para que te quede más claro, **te cuento el caso de Lucía:** es una mujer de 57 años, hecha y derecha, con 3 hijos y felizmente casada. Es propietaria de una gestoría en Alicante. Nos conocimos en Lisboa, en una cafetería cerca de la torre de Belém. Era algo peculiar su caso. Siempre que se enteraba de la desgracia de algún amigo, rompía a llorar. Se pasaba dos o tres días con un malestar tremendo, dolor de cabeza y ansiedad. Hablando con ella, me percaté que su comportamiento se debía a que lloraba porque pensaba que era lo correcto. Creía que era lo que esperaban los demás de ella. Que se sintiera mal durante unos días. La mente es tan poderosa que puede crear enfermedades de la nada, sólo con creer que estás enfermo, puedes enfermar. Pues bien, Lucía, cuando tenía 5 años perdió a su hermano mayor. Apenas lloró, era muy pequeña para percatarse de lo sucedido. Su madre, que era muy sensible, no entendía el comportamiento de su hija y le inculcó que cuando alguien se muere o está mal, lo normal es enfermar de pena y llorar por ellos. Las circunstancias de la vida hicieron que en menos de 4 años, perdiera a tres amigos de la familia. Obedeciendo a la madre, adquirió el hábito de enfermar y pasarlo mal cuando ocurren desgracias. Con el tiempo lo ha ido generalizando, mismo leyendo la prensa o viendo las noticias, enferma de pena.

Teniendo esto en cuenta, si te juntas con gente positiva y alegre, van a apreciarte por lo que eres y te motivarán en todo lo que emprendas. Como van a tener expectativas buenas sobre ti, sin darte cuenta sacarás todo lo mejor que puedas dar. Con este ambiente tan acogedor y motivador, te esforzarás más de lo normal, porque ellos te incitarán. Cualquier objetivo que te propongas es mucho más fácil conseguirlo, de ahí la importancia de este.

Si en la escuela o en el trabajo te acosan, (Bullying), pero fuera de ahí tienes emociones positivas y te sientes apreciado/a y arropado/a por los demás, será como un colchón, amortigua el golpe. Notarás que te han golpeado pero no afectará lo más mínimo en tu conducta. Cada vez que vuelvas a la escuela o al trabajo, lo harás con la energía renovada y seguro/a de ti mismo/a.

Ahora que ya has acabado de leer el libro, te habrás dado cuenta de la importancia de tener activos. Junto a la nómina siempre hay que tener otras fuentes de ingresos.

¡Tu dinero tiene que trabajar para ti!

Referente a las apariencias, si conoces a alguien así o eres tú mismo uno de ellos, ya sabes los motivos del comportamiento. Si no sabes quién eres, no sabrás qué hacer. Irás sin rumbo fijo, hoy imitas a uno y mañana a otro y nunca estarás satisfecho ni saciado.

<u>*Quieres aquello que anhelas, pero no esforzarte por conseguirlo*</u>

Nota del autor: la baja autoestima es destructiva y distorsiona la percepción de tu realidad. De ahí la importancia de mimarte, darte caprichos y recordar a diario las cosas buenas que te suceden.

www.ingramcontent.com/pod-product-compliance
Lightning Source LLC
Chambersburg PA
CBHW071725040426
42446CB00011B/2223